KB271900

한일관계의 흐름 2008-2009

국립중앙도서관 출판시도서목록(CIP)

한일관계의 흐름: 2008-2009
= Essays on Korea-Japan relation 2008-2009
/ 최영호 지음. -서울 : 논형, 2010 (논형일본학 ; 24)

색인수록
ISBN 978-89-6357-407-3 04340 : ₩14000
ISBN 978-89-90618-50-4(세트)

한일 관계[韓日關係]

349.11013-KDC5
327.519052-DDC21   CIP2010001252

한일관계의 흐름 2008-2009

한일관계의 흐름 2008-2009

지은이 최영호

초판 1쇄 인쇄 2010년 4월 12일
초판 1쇄 발행 2010년 4월 20일

펴낸곳 논형
펴낸이 소재두
편 집 김현경, 김가영
표 지 김예나
홍 보 박은정
등록번호 제2003-000019호
등록일자 2003년 3월 5일
주 소 서울시 관악구 성현동 7-77 한림토이프라자 6층
전 화 02-887-3561
팩 스 02-887-6690
ISBN   978-89-6357-407-3 04340
값   14,000원

책을 펴내면서

이 책은 2008년과 2009년에 일어난 시사 문제를 중심으로 하여 한일관계의 흐름을 정리한 것이다. 지난 2006년에 『한일관계의 흐름 2004-2005』을 처음으로 발간한 이래 2년간의 흐름을 세 번째로 정리하게 되었다. 이 책의 내용은 2008년부터 2009년까지 필자가 웹 메일 서비스로 배포한 「한일시평」과 연구발표회나 언론을 통해 발표한 글로 되어 있다. 다만 2010년 초의 시점에 맞게 문구를 수정하고 내용을 재구성하거나 보완했다. 「한일시평」은 2004년 1월부터 필자가 중심이 되어 한일관계에 관한 시사 문제를 에세이 형태로 작성하여 인터넷으로 제공하고 있는 평론 공간이다. 2004년 정월 초하루 고이즈미 준이치로(小泉純一郎) 수상의 전격적인 야스쿠니신사 참배에 대한 비판으로부터 '가벼운' 마음으로 제1호를 시작한 것이 2009년 말에는 제200호를 넘기게 되었다.

지난 2008년과 2009년을 회고해 보면 이 시기 한국에서는 이명박 정부가 정권 전반기를 맞았으며 일본에서는 후쿠다 야스오(福田康夫) 수상과 아소 다로(麻生太郎) 수상이 쇠퇴해 가는 자민당 정권을 담당하다가 중의원 선거에서 패함으로서 민주당에게 정권을 내어주는 커다란 정치적 변화가 있었다. 이 시기 한일관계는 역사교과서 문제와 영토 문제로 약간의 불협화음이 발생하기는 했지만 전반적으로 원만한 분위기를 유지했다. 그것은 2008년 후쿠다 정부나 아소 정부가 주변국을 자극할 수 있는 언동을 자제해 왔을 뿐 아니라 2009년 민주당 정권에 들어서는 더욱더 주변국을 배려하는 모습을 보여 왔기 때문이다. 여기에다가 한국 정부도 과거 참여정부와는 달리 과거사 문제를 국내 정치에 이용하는 데 신중한 모습을 보여 왔다. 참여정부가 대북관계에 비해 상대적으로 대일관계에 소홀히 했던 것에 비추어 볼 때, 이명박 정부는 대체로 대일관계에서 우호적 분위기를 중시하는 모습을 보여 왔다.

필자는 2006년 저서에서부터 계속하여 주장해 오고 있는 바와 같이, 한일관계에 명분을 둘러싸고 상호 대립을 보이는 상부구조와 함께, 실리를 추구하고 교류를 확대해 가는 하부구조가 병존하고 있는 현실을 인식해야 한다고 말하고 싶다. 그리고 이 두 가지 구조가 존재하는 한일관계의 현실을 직시하는 것과, 명분과 실리의 균형을 잃지 않는 시각이 중요하다는 지론을 여전히 강조하고 싶다. 이 책을 통해서도 필자가 의도하는 바는 한일관계의 두 가지 구조를 이루고 있는 개별적인 문제들을 가능한 균형을 잃지 않는 시각으로 해설하고 관련 자료들의 소재와 관련 움직임의 현황을 전달하고자 하는 것이다. 이러한 상호 타협과 원만한 외교를 중시하는 필자의 입장이 때로는 우유부단한 것으로 보일 때가 있어, '좀 더 분명한 태도를 취해 달라'고 주문하는 독자의 소리가 많은 것도 사실이다. 필자의 관점과 능력의 부족으로 자신의 의사와 문제의 내용을 충분하게 전달하지 못하는 것에 대해서는 독자 여러분의 비판적인 시각과 심도 있는 연구를 통해서 더욱 보완되기를 기대한다.

세 번째 한일관계의 흐름을 정리하면서 21세기에 들어 한국과 일본이 상호 반목과 질시(嫉視)로 점철된 시대를 지나 상호 경쟁과 협력을 추구하는 시대로 이동해 가고 있다는 것을 실감하게 된다. 이것은 양국을 둘러싼 국제 사회의 환경 변화가 양국 국민들로 하여금 합리적인 인식과 선택을 요구하고 있기 때문이다. 그럼에도 우리 사회 일각에서는 여전히 일본제국의 식민지 지배로 인한 고통의 그늘이 드리우고 있다. 일본군위안부 할머니들이 주한 일본대사관 앞에서 900회가 넘도록 매주 항의집회를 열고 있는 것도 하나의 현실이다. 마침 2010년은 일본에 의한 한반도 강제병합 100년이 되는 해다. 한국과 일본 양국에서 학계와 언론계를 중심으로 하여 과거사 문제를 둘러싸고 여러 가지 행사나 재규명 작업이 있을 것으로 보인다. 식민지 시기, 한반도 정부 수립 시기와 한일회담 시기, 국교정상화 이후의 시기로 대별할 수 있는 한일관계 100년의 과거를 재평가하고, 앞으로 21세기 한일관계의 과제를 설정해 가는 데 있어서, 오늘 우리가 어느 지점에 와 있는지를 점검하는 일이 중요하다고 생각한다. 이 점에서 이 책이 21세기 입구에 서 있는 한일관계의 위치를 가늠하는 데 조금이라도 참고가 될 수 있기를 바란다.

끝으로 이 지면을 통하여 지금까지 단행본과 「한일시평」에 대해 따뜻한 격려와 생산적인 비판을 주신 한일 양국의 관련 연구자들과 독자들에게 감사의 뜻을 전하고 싶다. 시사 문제를 실감 있고 쉽게 설명하기 위해 사진자료와 한일관계 기본 자료를 수집하는 과정에서 부경대학교 대학원의 김윤미 연구원이 수고를 아끼지 않았다.

2010년 2월
해운대 장산 기슭에서
최영호

차례

I. 한일관계 역사의 기억

_1_

해방 전 미군의 한반도 공습

2009년 10월에 필자는 일제강점기 피징용 희생자의 유족으로부터 우송되어 온 장문의 편지 한 통을 받았다. 편지에는 그의 부친이 1945년 6월 남해군에서 보국대 요원으로 징집되어 배를 타고 부산으로 이동하던 중 미군 비행기의 폭격을 맞아 선박이 침몰되면서 희생을 당했다고 쓰여 있었다. 태평양전쟁전후국외강제동원희생자지원위원회는 피해자의 증언에 따라 강제동원에 의한 희생에 해당되는 것으로 판단하면서도, 현재 한국 정부가 지원 대상으로 삼고 있는 '국외' 강제동원에 해당하는지에 관하여는 분명한 자료가 없기 때문에 지원 결정을 내리기 곤란하다고 하여 '지급 기각'을 결정했다고 한다. 필자는 희생자 유족의 억울한 사정 호소에 대해 안타까움을 공감하면서도, 현행 지원법이 '국내' 강제동원 희생자를 지원 대상으로 하고 있지 않음을 들어 부득이 위원회가 '기각' 결정을 내릴 수밖에 없었음을 이해시키는 한편, 일본이나 해외로 동원되어 가는 과정에서 사고를 당했다고 하는 것을 입증할 만한 자료가 발견되는 대로 위원회에 '재심의'를 신청하도록 권고하는 내용의 답장을 보냈다.

필자는 희생자 유족의 편지 내용 가운데 특히 "부산 앞바다에서 밤중에 비행기에서 요강 덩이 같은 불덩어리를 쏟아대니 배가 침몰하였다"고 기록되어 있는 것이 마음에 걸렸다. 미군이 태평양전쟁 말기에 일본 본토뿐만 아니라 비록 작은 규모이기는 하지만 한반도에서도 폭격을 감행했다고 하는 사실을 자료를 통해 인지하고 있었지만, 이렇게 미군 폭격으로 인한 희생을 직접 호소하는 한국인 피해자가 나올 것이라고는 쉽사리 예상하지 못했기 때문이다.

해방 직후 한반도 일본인의 귀환 연구로 유명한 모리타 요시오(森田芳夫)는 『조선 종전의 기록(朝鮮終戰の記録)』에서 다음과 같이 해방 직전 미군의 한반도 공습에 관하여 기록하고 있다. 1945년 6월 25일에 오키나와 본섬이 미군의 손에 넘어가면서 미군 비행기에 의한 일본 본토 공습이 격심해졌고 이와 함께 한반도 전역도 미군의 제공권 안에 들어감으로써 미군 B29기

| 모리타 요시오의 『조선 종전의 기록』 표지

와 탑재기가 한반도 연안에 출격했다. 7월 4일에는 대전 지구 철도 시설이 미군의 폭격을 맞았고, 7월 31일에는 청천강 철교가 폭격을 당하여 파괴되었다. 또한 7월 중순부터 8월 6일 사이에 청진, 나진, 웅기에 B29기가 날아와서 항구 안에 수많은 기뢰(機雷)를 투하했다.

그리고 해방 당시 부산지방교통국 국장의 일지에는 다음과 같이 한반도 남부 지역에 대한 미군 공습이 있었다는 기록이 실려 있다.[1]

7.4. 대전 관내 공습. 경부선 철도 교량과 긴천역 피해를 입음

7.12. 부산항, 투하 기뢰로 인하여 사용 불능. 연락선 덴잔마루(天山丸) 마산에 입항.

7.14. 밤중에 부산에 적기(미군기) 5, 6대 내습하여 기뢰 투하.

7.28. 오늘까지 연일 부산에 적기가 내습하여 주로 기뢰를 투하함.

---

1 田辺多聞,「終戰前後の釜山地方交通局管內事情」, 鮮交会(編), 『朝鮮交通回顧録: 終戰記録編』(鮮交会, 1976), 250~251쪽.

| 일본 공습에 널리 이용된 B29 폭격기

7.29. 구포 - 물금 사이 702열차에 대한 적기의 총격으로 승무원 부상함.

8.10. 동틀 무렵 공습. 부산 수정동 철도관사 부근에 폭탄 7발 낙하. 사상자 상당수 발생.

이 외에도 교통국 국장은 일지에 8월 10일 이후 패전 때까지 연일 미군기가 내습(來襲)하여 부산 시가지를 공격하고 가옥을 파손하여 다수의 사상자를 냈다고 기록하고 있다. 이와 같은 자료에 비추어 볼 때, 미군기의 기뢰투하와 함께 한반도 공습이 있었다는 사실을 부정하기 어렵다. 비록 그것이 일본 본토에 대한 대규모 공습과는 비교가 되지 않을 정도로 소규모였다고 해도 일본제국이 일으킨 전쟁으로 인하여 한반도 일부 역시 미군의 공습 대상이 되었다고 하는 사실을 인정하지 않을 수 없다. 이 문제와 관련하여 사이버 외교 활동을 전개하고 있는 반크(Voluntary Agency Network of Korea)가 "요코이야기"를 반박하기 위해 제작한 USB 역사채널에서 "1945년 7월 한반도에서 미군의 폭격이 전혀 없었다"라고 주장하고 있는데, 이

부분은 마땅히 수정되어야 한다.

참고로 현재 일본에서는 태평양 전쟁 말기에 미군의 무차별 공습으로 피해를 입은 사람들이 일본 정부에 대해 보상을 요구하는 움직임이 활발하다. 도쿄 공습으로 인한 희생자 유족 112명이 2007년 3월 일본 정부를 상대로 하여 사죄와 함께 총액 12억 3200만 엔(약 150억 원)의 손해 배상을 요구하는 소송을 제기한 일이 있다. 공습으로 인한 민간 피해자가 집단적으로 일본

| 폭격기에 의한 공습 모습

정부에 대해 국가 책임을 추궁한 것은 이것이 처음이다. 도쿄공습피해자유족회는 제소 의의로 현재까지 구제받지 못한 공습 피해자들을 구제하는 것, 미군에 의한 무차별 도시 공습이 비인도적인 행위로 국제법을 위반하는 행위였음을 밝히는 것, 일본 정부로부터 옛 군인이나 군속은 보상을 받고 있는데 국가총동원법에 의해 동원된 민간인에게는 보상이 이루어지지 않는 현행 전쟁보상 제도의 문제점을 추궁하는 것 등을 들고 있다.[2] 물론 무차별 공습으로 인한 피해자 가운데는 식민지 시기 한반도에서 동원되거나 이주한 사람들도 상당수 포함되어 있다.

---

2 www.geocities.jp/jisedainitakusu.

해방 직후 한반도 거주 일본인의 귀환

일본 후생성의 귀환통계 자료에 의하면, 해외에 있던 일본인들이 패전과 함께 일본으로의 귀환을 시작하여 귀환활동이 거의 끝나는 시점인 1961년까지 총 628만 8665명이 귀환한 것으로 되어 있다. 이들 가운데 38도선 남쪽 지역(남한)에서 귀환한 일본인 59만 6454명, 북한에서 귀환한 일본인 32만 2585명이 포함되어 있으며 대부분의 귀환활동이 1945년과 1946년 사이에 이루어졌다. 1946년 말까지 1년 5개월 동안 총 509만 6323명이 귀환했으며 이 가운데 남한 지역에서 57만 1765명이, 북한 지역에서 30만 4469명이 귀환한 것으로 알려지고 있다.[3] 여기에 만주 지역에서 한반도를 경유하여 귀환한 일본인 민간인과 군인들을 포함하면, 100만 명이 훨씬 넘는 일본인들이 패전 직후 1년 정도의 기간에 한반도를 거쳐 일본으로 귀환한 것으로 보인다.

해방 당시 한반도에서 일본인은 얼마나 거주했을까. 1945년에 들어 일본 본토를 둘러싼 전황이 불리해짐에 따라 한국인과 일본인이 일본 본토의 공습을 피해 일본에서 한반도로 이동하는 인구가 많았던 점이나, 패전에 임박하여 소련이 참전하면서 북한이나 만주 지방으로부터 남한 지역으로 피난해 오는 사람이 많았던 점에 비추어 볼 때, 패전 당시 한반도 특히 남한 지역에 거류하던 일본인 인구는 1944년의 거주자 통계보다는 많았을 것으로 추정할 수 있다. 필자는 대체로 해방 당시 한반도에 대략 90만 명의 일본인들이 거주하고 있었으며, 38도선 남부 지역에 약 60만 명, 북한 지역에 약

---

3 厚生省 編, 『續々·引揚援護の記錄』(復刻版, クレス出版, 2000), 417쪽.

| 고안마루(興安丸) 여객선

30만 명이 거주하고 있었다고 본다.

전쟁 말기에 일본 본토와 한반도에서 연합군의 공습에 대비하여 도시 소개(疏開)가 이루어지기는 했으나 한반도에서는 극히 미미한 수준에서 소개가 실행되었다. 특히 인원의 소개는 패전에 임박한 8월에 들어서야 일부 시행되기에 이르렀다. 7월과 8월 수차례에 걸쳐 미군 비행기가 부산에 내습하게 되고, 소련군이 연합군의 일원으로 참전하면서부터 한반도 거주 일본인들 사이에 동요가 일어났다. 그러나 북한 지역의 일본인들에 비해 남한 지역에 거주한 일본인들 사이에는 일본의 패전이 가까워 오는 시점에서도 패진을 예측할 만한 분위기기 상대적으로 적었으며, 실제로 교전상황을 목격하지 않은 채 비교적 평온한 가운데 패전을 맞게 되었다.

그런데 포츠담선언 수락에 따른 일본의 패전은 일본인들의 위치를 완전히 바꾸어 놓기 시작했다. 한반도 거주 일본인들을 둘러싼 치안 상황이 악화되기 시작했으며, 소련군이 곧 서울에 입성한다는 소문이 나돌면서 일본인들이 크게 동요하기 시작했다. 해방 직후 미군이 진주하기 전에 서울에서 밤중에 술에 취한 일본인 군인이 '일본이 이겼다'고 소동을 피웠다고 하는

| 귀환하기 위해 부산항에 집결한 일본 군인

기록이 있는데,[4] 이것은 당시 일본인들의 갑작스런 환경 변화에 따른 심리적 혼란이 외부로 드러난 사례라고 할 수 있다. 한반도 거주 일본인들은 다투어 은행예금을 인출하고 가능한 대로 귀환을 서둘렀다. 가재도구를 헐값에 내다 파는 일본인들이 많아졌고 발 빠른 일본인들은 일찍이 패전한 날부터 부산항을 비롯한 항구나 부두로 달려가 갖가지 선박을 이용하여 일본 도항에 나섰다. 개인적으로 선박을 빌려 도항한 사람도 있었으며 상업용 선박을 이용하는 사람도 있었고 도청 등 관공서나 일본인 단체가 알선하는 선박을 이용하는 사람들도 있었다.

8월 17일 아베 노부유키(阿部信行) 총독의 부인을 포함한 고관 부인 일행이 비밀리에 부산항에 도착하여 기범선(機帆船)에 많은 짐을 싣고 일본으로 빠져나간 일이 있다. 그러나 이날 악천후로 파도가 심하여 이들은 얼마 가지 못하고 짐을 거의 바다에 내던지고 가까스로 부산항에 회항했으며 서

---

4 金昌國, 『ボクらの京城師範付属第二国民学校』(朝日選書845, 朝日新聞出版, 2008), 144쪽.

울로 되돌아가게 되었다. 또한 부산 거주 일본인 가운데는 미군이 진주해 오기 전에 재산을 처분하고 선박을 빌려 서둘러 귀환한 사람이 많았다. 삼화(三和)고무 주식회사 사장으로 부산상공회의소 총재를 맡고 있던 요네쿠라 세이자부로(米倉清三郎)와 조선방직 전무 도키오카 쇼헤이(時岡昇平)는 패전 직후 고무신 제품과 광목을 한꺼번에 시장에 방출하고 미군이 진주하기 전에 일본으로 귀환했다. 나중에 만들어지는 부산 일본인 세화회(世話會) 자료에 의하면 부산 경남 거주 일본인들 가운데 9월 중순부터 10월 하순에 걸쳐 미군의 통제를 받지 않고 선박을 빌려 귀환한 사람이 3만 3000명이었다고 파악하고 있다.[5] 따라서 이보다 훨씬 많은 일본인들이 해방 직후에 부산을 빠져나갔을 것으로 미루어 짐작할 수 있다.

패전 직후 조선총독부는 일본인들의 무질서한 귀환 쇄도를 통제하기에 무리가 있었다. 무엇보다도 한반도에서 일본으로 귀환자들을 수송할 교통편이 형편없이 부족했기 때문이다. 식민지 시기 한반도와 일본 사이에 가장 많은 인원을 수송하던 부관연락선 정기 항로가 두절된 데다가, 패전 한 달 전부터 미군 비행기가 부산항에 내습하고 기뢰를 투하하면서 대형 선박의 통행이 불가능하게 되었다. 8월 17일 부산지방교통국은 귀환선박을 조달하기 위한 긴급회의를 열었으며 종래 연락선을 관할하고 있던 히로시마(広島) 철도국에 선박 배치를 요청했다. 이때 화물선에 의한 긴급수송 방침이 결정되어 8월 18일부터 24일까지 한반도에 정박해 있던 화물선 27척이 귀환자들을 싣고 하카타항을 향해 부산항을 출항한 것으로 알려지고 있다.

8월 20일 패전 이후 최초로 고안마루(興安丸) 선박이 부산항에 입항하여 다음날 일본인 귀환자들을 가득 싣고 출항했으며, 8월 22일에는 도쿠주

---

5 加藤聖文, 『海外引揚関係史料集成(国外篇)』第19巻(ゆまに書房, 2002), 310쪽.

마루(德寿丸) 선박이 부산항에 입항하여 24일에 출항했다. 이 선박들은 지난날 연락선으로 활약했던 것으로, 패전이 되어 귀환자들을 수송하는 선박으로 활동하게 된다. 부산항은 지리적으로 일본과 가까운 곳에 위치해 있을 뿐 아니라 선박의 접안시설이 잘 되어 있어 귀환 항구로서 가장 많이 사용되었다. 해방 이후 남북한 거류 일본인은 물론 중국에 거류하던 일본인들 가운데 일부도 부산항을 경유하여 귀환해 갔다. 점령 당국의 허가를 받아 일본인을 송출한 한반도 항구 가운데 부산항이 패전 이후 1948년 7월까지 총 67만 4406명을 송출한 것을 나타나, 귀환자 총수의 89.7%를 송출한 것으로 되어 있다.

한일 수교회담 자료에 나타난 독도 교섭

지난 2006년에 한국의 외교통상부가 공개한 한일회담 문서에서도 확인할 수 있듯이, 일본 측은 회담기간 전반에 걸쳐서 독도가 자국의 영토라는 점을 굽히지 않았다. 5·16 이후 회담 성립에 이르는 동안 박정희, 김종필로 대표되는 군사정부의 최고결정자들은 이러한 일본의 자세를 꺾지 못하고 한국이 독도를 실질적으로 지배하고 있는 마당에서 이 문제가 협정 타결의 장애가 되어서는 안 된다는 생각을 갖게 되었다. 따라서 국교정상화 후에도 천천히 문제를 풀어가도 되지 않느냐는 방침으로 독도 문제를 유보한 채 협정 타결을 서두르게 되었다. 차후에 독도 문제를 어떻게 풀어갈 것인가에 대한 명확한 입장은 애초부터 없었다. 비판적 시각에서 본다면 이러한 박정희 군사정부 실세의 독도 문제에 대한 자세는 "경제개발을 위한 일본의 자금이 잿밥이었다면 독도 문제는 염불에 불과했다"고 할 수 있다.[6]

일본 측은 한일회담 초기부터 독도가 자국의 영토라는 주장을 제기했다. 1953년 5월에 2차 한일회담의 어업분과위원회에서 한국 측은 어업의 실태, 어족의 감퇴 상황 등에 관해 설명하고 한국 측으로서는 평화선(이승만 라인)을 유지하여 어족보존 조치를 지속해야 할 필요가 있다는 점을 토로했다. 이에 대해 일본 측은 평화선을 부정하고 독도가 자국 고유의 영토이며, 일본 영토와 영해까지 포함시킨 평화선은 불법이라는 점을 강조했다. 이와 함께 일본 측은 독도 근해 어장에 대해 "어업자원의 지속적인 생산량을 최대한 확보하는 데 필요한 보존과 개발에 관한 조치를 양국이 공동으로 행하자"

---

6 "한일협정 5개월전 '독도밀약' 있었다", 『월간중앙』 2007년 4월호, 126쪽.

고 하는 방안을 제시하며 공동 관리를 요구하기도 했다. 또한 순시선을 파견하여 평화선을 침범했을 뿐 아니라 독도에 접근하도록 했다. 1962년 초에 이르러 한일회담의 최대 쟁점이던 청구권 협상이 어느 정도 진전되었다고 판단되자 일본 측은 독도 문제가 한일회담의 의제가 아님에도 이 문제를 계속 제기했다. 회담기간 내내 "독도를 국제사법재판소에 제소하자", "독도 문제가 해결되지 않는 한 국교정상화는 있을 수 없다"고 주장했고, 한국은 "독도는 고유의 영토", "국교정상화 후 별개 사안으로 처리하자"고 맞서며 독도를 분쟁 지역화하려는 일본의 의도를 회피하기에 급급했다.

독도 영유권 문제에 대한 한일 양국의 팽팽한 의견 대립이 계속되는 가운데 일본 측 대표가 "독도를 폭파해 없애버리자"는 말을 꺼낸 것을 유명한 일화가 되고 있다. 1962년 9월 일본 외무성에서 열린 한일 예비절충 4차 회의 회의록에 따르면 이세키 유지로(伊關佑次郎) 아시아 국장이 "독도는 무가치한 섬이다. 크기는 히비야(日比谷)공원 정도인데 폭파라도 해서 없애 버리면 문제가 없을 것"이라고 말한 것이 그것이다. 이와 관련한 양국 대표의 발언 내용을 공개된 회담 자료에서 부분적으로 인용하면 다음과 같다.[7]

이세키 국장: 청구권 문제의 해결 가망성이 단계에 가면 여러 가지 문제를 토의하게 될 것이다. "독도"에 관한 문제도 이때에 토의하게 될 것이다.

최영택 참사관: 독도 문제를 왜 또 꺼내려고 하는가? '고오노' 씨는 독도는 국교가 정상화되면 피차가 가지라고 하더라도 갖지 않을 정도의 섬이라는 재미있는 말을 했는데 일측이 왜 또 꺼내려 하는가?

---

7 외무부정부국, 『第六次韓日會談 會議錄(III) 第二次 政治會談 豫備折衝(1962.8.22~1962.12.25)』, 103~104쪽.

| 김종필 부장과 오히라 외상(왼쪽)과 박정희 의장과 김종필 중앙정보부장(오른쪽)

이세키 국장: 사실상에 있어서 독도는 무가치한 섬이다. 크기는 '히비야' 공원 정도인데, 폭발이라도 해서 없애 버리면 문제가 없을 것이다.

최영택 참사관: 회담 도중에 이 문제를 내놓겠다는 말인가.

이세키 국장: 그렇다. 국제사법재판소에 제소하기로 하는 것을 정하여야 하겠다.

최영택 참사관: 국교 정상화 후에 이 문제를 논의하는 것이 좋지 않은가.

이세기 국장: 국교 정상회 후에 국제 사법 재판소에 제소하자는 것을 정하자는 것이다.

최영택 참사관: 일본의 곤란한 사정이 있듯이 한국에도 사정이 있는 것인데, 이 문제는 내놓지 않는 것이 좋겠다.

이세키 국장: 섬 자체는 중요한 것이 아니지만 내놓지 않을 수 없다.

배의환 대사: 중요하지도 않은 섬이니 한일회담의 의제도 아니므로 국교 정상
화 후에 토의한다는 식으로 별개 취급함이 어떤가.

스기 수석대표: 영토 문제라는 점에서 여러 가지 사정이 있으므로 그렇게 하려
는 것이다.

이후 김종필 중앙정보부장이 오히라 마사요시(大平正芳) 일본 외상과
회담을 마치고 하네다공항에서 기자회견을 하는 과정에서 "농담으로 독도
에서 금이 나오는 것도 아니고 갈매기 똥도 없으니 폭파해 버리자고 말한
일이 있다"고 전했다. 이로 인해 김종필은 오래 동안 '독도 폭파' 발언을 한
사람으로 회자되었다. 물론 그에게는 당시 누가 그런 말을 했는지에 대해
모호하게 언급한 책임이 있다.

1962년 11월 김종필과 오히라의 회담에서 일본이 '독도 문제를 국제사
법재판소에 제소하자'는 기존 방침을 고수하자 김종필은 '제3국의 조정에
맡기자'는 대안을 제시하기도 했다. 이에 대해 오히라는 즉각적인 대답을
회피하였으나 그 당시로서는 미국에 의한 제3국 거중 조정이 일본에 불리할
것이라는 생각에 따라 이 제안을 거부했다고 알려지고 있다. 일본 측은 7차
회담에서 협정 문안이 타결되어 가는 시점에서도 독도 문제를 제기했고,
최종 단계에 이르러 재차 독도에 대한 공세를 폈다. 협정 전반에 관해 분쟁이
있을 경우 이를 처리하는 절차를 담은 교환공문 의정서에 독도 문제도 포함
하자는 제안을 한 것이다. 이는 독도가 분쟁 지역임을 명시하고자 하는 의도
에서였다. 이에 대해 한국 측은 "독도는 엄연히 우리 영토의 일부이며 따라서
영유권에 관하여 운운할 여지가 없고 양국 간 분쟁의 대상이 될 수 없다"고
하는 방침을 재확인했다. 그 결과 양국이 합의한 '분쟁 해결에 관한 교환공문'

| 청구권협정에 관한 한일회담 문서

에는 "달리 규정이 있는 경우를 제외하고 양국 간의 분쟁은 우선 외교상의 경로를 통하여 해결하기로 하며, 이에 의하여 해결할 수 없을 경우에는 양국 정부가 합의하는 조정절차 또는 중재절차에 의하여 그 해결을 도모하기로 한다"는 문안으로 확정됐다.

결국 분쟁 해결에 관한 교환공문에 독도를 분쟁 지역으로 명기하려던 일본의 의도는 실패했다. 반면에 한국 측도 독도에 대한 영유권 주장을 문안으로 끌어들이고자 하는 적극적이고 강경한 태도는 보이지 않았다. 이러한 일련의 회담 과정을 볼 때, 한국 정부는 비록 영유권 주장에서 한계를 노정했음에도, 집요한 일본의 주장에 맞서 나름대로 '분쟁 지역'이라는 표현이 문구로 등장되지 않도록 하는 정도의 외교적인 노력을 견지했다고 평가할 수 있다.

_4_

독도 영유권 문제에 관한 한일 간 공방

2008년 5월 18일 일본 문부과학성이 중학교 사회과 지도요령 해설서에 독도를 일본국 고유의 영토라고 명기할 방침을 제시한 것이 일부 일본 언론에 밝혀지면서 한국의 언론들이 일제히 이를 비난하는 보도를 내놓기 시작했다. 다음날 19일 유명환 외교통상부 장관은 시게이에 도시노리(重家俊範) 주한 일본대사를 불러 유감의 뜻을 표명함으로써 독도 문제에 대한 신속한 외교적 대응을 보였다. 이명박 정부는 출범 이후 지속적으로 일본과 우호적인 외교관계를 강화하고자 하는 의지를 적극 표명해 왔다. 이러한 의도와는 달리 자칫 독도 문제로 인하여 한일관계가 손상될 수 있는 상황이 발생한 것이다. 그러나 한국 정부가 이런 상황에서 적절하게 외교적 조치를 취한 것으로 평가한다. 일본에서 지난 2004년 독도 사진 우표를 제작한 문제나 2005년 시마네현의 '다케시마의 날' 제정 문제를 계기로 반일감정이 격화되면서 한일관계가 악화되었던 전철을 다시 밟지 않았기 때문이다. 한국의 언론들도 독도 문제에 대해 감정적인 보도를 내놓기는 했지만 일본 정부 내의 움직임과 한일 간 외교적 공방의 실상에 대해 비교적 냉철한 보도가 많았던 것으로 보인다.

당시 일본 정부는 중학교 사회과 해설서에 독도를 일본 고유의 영토라고 명시할지에 대해 '방침을 정한 사실이 없다'는 입장을 견지했지만, 그전부터 이미 문부성이 내부적으로 이러한 방침을 결정한 것으로 알려졌다. 문제가 된 해설서는 2012년부터 전면 시행될 일본 중학교 사회과 교과서와 관련하여 학습 지도 요령을 해설하는 것으로 문부과학성은 2008년 7월까지 그 내용을 완성하기로 되어 있었다. 각 교과서 출판사들은 이 해설서에 따라서

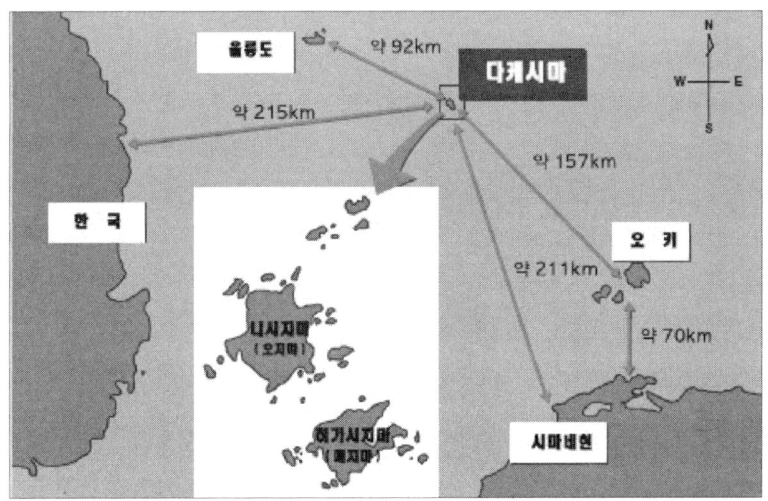

| 일본 외무성 홍보 자료 속의 독도 지도

2009년 새로운 교과서를 집필하게 되고 2010년의 검정 신청, 2011년 채택 과정을 거쳐 출판하게 된다. 해설서는 지도요령과는 달리 법적 구속력은 없다고 하지만 실질적으로 교과서 편집의 기준이 되고 있다. 예를 들어 현행 초등학교 지도요령에는 러시아와의 분쟁 대상 지역인 '북방영토'에 관한 명확한 언급이 없고 대신 해설서가 '북방영토'에 대한 지도를 권고하고 있는데, 결과적으로 오늘날 모든 초등학교 교과서가 '북방영토'를 명기하고 있는 것을 보면 질 알 수 있다.

한편 현행 중학교 사회과 지도요령은 '북방영토'만을 명기하면서 "북방영토가 일본 교유의 영토인 점 등 일본의 영역을 둘러싼 문제에 착목하게 한다"라고 기술하고 있다. 이로써 한국이나 일본이 실질적으로 점유하고 있는 독도나 센카쿠(尖閣)제도에 대해서는 명확한 언급을 피하고 있다. 현행 중학교 사회과 교과서로 영유권 문제를 다룬 지리(地理)와 공민(公民) 교과서 가운데 독도나 센카쿠제도를 명기한 것은 지리교과서 6종 가운데

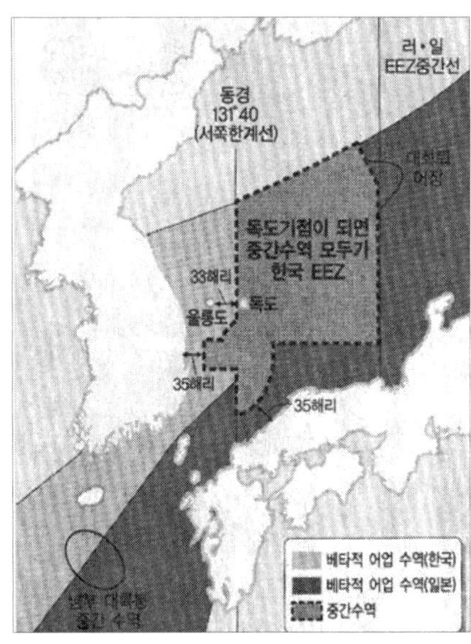

| 한일어업협정 결과
'배타적경계수역'의 중간 수역에 들어간 독도

1권, 공민교과서 8종 가운데 3권에 불과하다. 그러나 이번에 독도를 명기하도록 하는 해설서 방침이 확정되면 앞으로 모든 2012년 중학교 사회과 교과서에 독도에 대한 일본의 영유권을 주장하는 서술이 담길 것으로 예상된다.[8]

일본은 메이지(明治)유신 이후에도 독도 문제에 대한 영토 인식을 갖고 있지 않다가 1905년 2월 러일전쟁이 본격화되는 시기에 종래의 태도를 바꾸고 시마네현(島根縣) 소속으로 편입시켰다. 전후에 들어서 일본은 신생 한국 정부에 대해 독도를 분쟁 지역화하기 위한 노력을 계속해 왔다. 일찍이 샌프란시스코강화조약 발효 후 1954년 9월에 독도 영유권 문제를 국제사법재판소에 제소할 것을 처음으로 한국 정부에 제안했다. 하지만 실질적으로 독도를 점유하고 있는 한국으로서는 이에 응할 이유가 없었다. 또한 1962년 3월 한일외상회담 때에도 이 문제를 국제사법재판소에 제소할 것을 일본 측이 제안한 바 있으며 이때에도 한국 측은 이를 거부했다.

오늘날 일본 정부는 외무성 홈페이지는 물론 주한 일본대사관 홈페이지를 통해 다음과 같이 독도의 영유권을 주장하는 글을 올려놓고 있다.[9]

---

8 「産經新聞」 2008年 5月 20日.

9 www.kr.emb-japan.go.jp/topic/focus_15_01.htm.

① 다케시마는 역사적 사실에 있어서나 국제법상으로 명백한 일본 고유의 영토다. ② 한국에 의한 다케시마 점거는 국제법상 아무런 근거 없이 이루어지고 있는 불법 점거이며 한국이 이런 불법 점거에 의거하여 다케시마에서 행하는 어떤 조치도 법적 정당성이 있는 것은 아니다. ③ 한국 측으로부터 일본이 다케시마를 실효적으로 지배하고 영유권을 확립하기 이전에 한국이 이 섬을 실효적으로 지배하고 있었다는 사실을 보여주는 명확한 근거가 제시되지 않고 있다.

이러한 일본 측 주장에 대해서 한국의 동북아역사재단은 사이버독도역사관을 통해 "일본 외무성의 독도 홍보 팸플릿에 대한 반박문"을 게재하고 있다. ① 일본은 어느 시기에도 독도에 대한 영유권을 확립한 바가 없으며, 일본의 주장은 오히려 독도에 대한 대한민국의 영토주권을 침해하는 일방적이고 불법적인 것에 불과하다. ② 일본이 독도 영유권 확보를 의도한 것은 1905년 조치에 의해서이며, 대한민국은 이미 그 이전에 독도에 대한 영유권을 확립하였다. ③ 1545년 세종실록지리지, 1808년 만기요람, 1900년 대한제국 칙령 제41호(이상 한국 정부문서), 1696년 에도(江戶)막부의 도해금지령 공문, 메이지(明治)정부의 1870년 조선국교제시말내탐서, 1877년 태정관 지시문(이상 일본 정부문서), 1946년 SCAPIN 제677호, 제1033호(연합국총사령부 공식문서) 등은 독도가 한국의 영토임을 명확히 밝히고 있다.[10]

---

10 www.dokdohistory.com.

_5_
한일기본조약과 청구권협정

　일본은 1951년 9월에 샌프란시스코에서 연합국과 강화조약을 체결함으로써 점령체제에서 벗어나 국제적으로 전후 복귀를 인정받게 되었다. 반면 한국은 이 조약의 체결 과정에서 애초 의도와는 달리 미국과 일본에 의해 배제되었다. 그 결과 한국은 이 조약의 규정에 따라 일본과 개별적으로 국교정상화 그리고 전후처리를 둘러싼 힘겨운 교섭을 추진해야 했다. 한일 양국은 미국의 중재하에 1951년 예비회담을 시작했으며, 식민지 지배 역사에 관한 인식 차이로 인하여 난항을 거듭하다가 14년만에야 결착을 보게 되었다. 신생 한국 정부는 수립되고 나서 국력의 쇠약함과 남북 간 이념 대립과 전쟁 등으로 인하여 자유민주주의 체제를 고수하는 가운데 대외정책에서 스스로의 외교력에서 한계를 보였고 경제적인 측면에서 외부 강대국의 경제적 지원에 지나치게 의존하게 되었다. 이러한 구조적 요인과 함께 단기적 성과를 지향하는 정책 담당자들의 태도가 신생 한국에게 있어서 자주적인 식민지 청산을 어렵게 했으며, 일본과 국교를 수립하는 과정에서 일본 정부에 대해서도 철저한 역사 반성과 보상을 관철시키지 못했다.

　오늘날 한일 양국에서 우호적인 협력관계가 지속되고 있음에도 끊임없이 외교적 불협화음이 발생하는 것은 국교정상화 과정에서 한일 상호 인식의 차이를 봉합하고 각자가 국가적 의도에 따라 각각 달리 해석을 적용하도록 조약과 협정을 맺었기 때문이다. 지난 2005년 1월 한국의 외교통상부는 청구권협정과 관련한 외교문서 일부만을 공개했으며, 그해 8월에는 기본조약과 4개의 부속협정 전반에 걸친 문서들을 일괄적으로 모두 공개했다. 문서 공개를 계기로 50년대와 60년대의 한일관계 그리고 한국 정부의 대일외교에 관하여 재평가하는 작업이 활발해졌다. 특히 박정희 정부의 대일외교에 대한 평가가 활발해졌다. 일반적으로 대일수교외교가 '굴욕외교'였다는 평가를 많이 받고 있는 가운데, 일부 식민지 역사인식 문제에서 완강하게 버티는 일본을 상대로 한국 정부가 독도 문제, 청구권 문제, 문화재 반환 문제, 재일교포 법적지위 문제 등에서 집요하게 협상에 임했다고 하는 긍정적인 평가가 나오기도 했다.

돌이켜보면 한일기본조약은 한국어와 일본어, 그리고 영어로 작성되었으며 만일 해석에 있어서 서로 다른 해석이 나올 때는 영어 해석에 따른다고 하는 형식을 취했다. 이것은 한편으로 영어 문장을 통하여 양국의 공통 해석을 추구하는 형식을 취한 것을 보이기도 하지만, 다른 한편으로는 조문을 둘러싼 양국 간 해석의 차이가 현실적으로 달랐기 때문에 택한 외교적 방편이었다고 할 수 있다. 한일 양국이 조약을 체결하는 과정에서 조문에 관하여 해석을 공유했다고 하면 굳이 영어라고 하는 제3의 언어를 개입시키지 않았을 것이다. 또한 이렇게 영어 문장을 매개로 했다고 하더라도 실제로는 역시 애매한 표현이 사용됨으로써 서로 다른 해석을 그대로 유지하게 하는 결과를 가져왔다. 결국 조문의 번역이나 해석을 각각의 정부에 맡김으로써 서로 유리한 해석을 하도록 허용했기 때문에 영어라고 하는 매개체는 외교적 방편에 불과했던 것이다.

특히 기본조약 제2조에 관한 해석의 차이는 오늘날 역사인식 문제 혹은 한일 외교적 쟁점과 관련하여 가장 문제가 되고 있다. 제2조의 규정은 다음과 같다. "1910년 8월 22일 및 그 이전에 대한제국과 대일본제국 간에 체결된 모든 조약 및 협정이 이미 무효임을 확인한다." 이 규정은 과거 식민지 지배 관계를 어떤 형식과 내용으로 인식하고 해결할 것인가를 결정하는 문제로서 기본조약의 핵심 조문이라고 할 수 있다. 결과적으로 제2조는 원천 무효

임을 주장하는 한국 측 의견과 독립에 따라 무효가 되었다고 주장하는 일본 측 의견의 절충으로 이루어졌다. 또한 회담 당시 기본조약 제3조에 관한 해석의 차이도 장래 일본의 한반도 남북한과의 관계를 어떻게 설정해 갈 것인가를 둘러싸고 양국이 서로 다른 견해를 견지했기 때문에 발생한 문제였다. 제3조의 규정은 다음과 같다. "대한민국 정부가 국제연합 총회의 결의 제195(Ⅲ)호에 명시된 바와 같이 한반도에 있어서의 유일한 합법 정부임을 확인한다." 이 제3조 규정은 유엔 결의안과 상관없이 유일합법성을 주장하는 한국 측의 의견과 유엔 결의안 틀 안이라고 하는 한계 속에서 합법성이 있다고 주장하는 일본 측의 의견이 절충되어 이루어졌다.

과거 식민지 지배에 관한 기본 인식의 차이에 따라 청구권협정 체결 과정에서 식민지 지배에 대한 '배상' 문제도 애매하게 처리되었다. 양국 정부는 무상 3억 달러, 유상 2억 달러를 주고받으면서 이 자금의 성격에 대해서는 명확한 합의점을 찾지 못하고, 대신 '청구권'과 '경제협력'이라는 용어를 병기하는 데 그쳤다. 회담 과정에서 한국 정부는 배상적 성격을 강조했으며 협정 체결 후 한국 국민들에게 그러한 성격임을 홍보했다. 반면 일본 정부는 어디까지나 '경제원조' 내지는 '독립축하금' 성격으로 지급할 것을 강조했으며 협정 체결 후 그렇게 자국민에게 설명했다.

그러나 결과적으로 청구권협정 제2조에는 "양 체약국은 법인을 포함하여 양 체약국 및 그 국민의 재산, 권리 및 이익과 양 체약국 및 그 국민 간에 청구권에 관한 문제가 1951년 9월 8일에 샌프란시스코에서 서명된 일본국과의 평화조약 제4조(a)에 규정된 것을 포함하여 완전히 그리고 최종적으로 해결된 것이 된다는 것을 확인한다"고 규정되어 있다. 청구권자금의 성격에 대해서는 해석을 달리 하면서도 실질적으로 전후 처리를 규정했다. 이렇게 청구권협정은 국가 간에 청구권자금을 주고받으면서 식민지 지배와 전시동원 등으로 인한 피해와 손실에 대한 배상과 보상 문제가 종결되었다는 것을 선언해 버린 것이다.

그럼 청구권협정 문안에 보상 문제가 완전히 그리고 최종적으로 종결되었다는 문구가 들어가 있다고 해서 청구권협정으로 한일 간 개인청구권을 포함한 전후처리 문제도 완전히 그리고 최종적으로 종결되었다고 볼 수 있는가? 일본 정부는 오늘날에 이르기까지 보상 문제가 청구권협정을 통해 최종적으로 종결되었다는 주장을 굽히지 않고 있다. 반면에 한국의 피해자 단체와 이를 옹호하는 사람들은 다음과 같은 논거로 최종적으로 종결되지 않았다는 점을 주장하고 있다.

첫째는 불법행위로 인한 배상청구는 협상 대상이 아니었다. 한일회담 당시 한국인의 일본에 대한 권리는 "보상 차원의 청구권"을 의미했지 일본의 국제법상 불법행위를 원인으로 한 손해배상 청구권을 의미한 것은 아니었고, 손해배상에 대해서는 논의조차 되지 않았다.

둘째는 협정을 교섭할 당시 교섭 대상이 아니었다는 문제가 있다. 즉,

| 2009년 11월에 제기된 한일청구권협정 관련 헌법소원

군위안부 문제 등에 관하여 한일회담 당시 거론조차 되지 않았으며, 재일한국인, 재한피폭자, 사할린 잔류 한국인의 청구권 등은 당시 교섭 대상에 포함되어 있지 않았다.

셋째는 국제적 인권 차원에서 볼 때 강행규범(JUS COGENS) 위반이므로 무효다. 일본제국이 식민지 조선인에 대하여 국가권력을 동원하여 각종 불법행위를 자행한 것에 대해 그 피해자들이 일본에 불법행위에 의한 손해배상청구권을 행사하는 것은 유스 코겐스에 해당하며, 만약 국가 간 협정으로 이 권리를 박탈하는 것은 유스 코겐스 위반에 해당하므로 청구권협정은 무효라고 할 수 있다.

넷째는 국가 간 협정으로 빼앗을 수 있는 것은 외교보호권이지, 국민 개인의 청구권은 아니다. 이는 일본 정부가 시베리아 억류 미귀환 일본인 군인 문제와 관련하여 일소공동선언에서 규정한 소련에 대한 청구권 포기가 국가 자신의 청구권 및 국가가 자동적으로 갖고 있는 외교보호권의 포기이고 일본 국민 개인들의 소련 또는 그 국민에 대한 청구권까지 포기한 것은 아니라고 주장하는 것과 일맥상통하는 것이다.[11]

한국 정부는 청구권협정을 체결한 이후 뒤늦게 1975년 7월부터 2년간에 걸쳐서 국내에 거주하는 한국민 피해자에 대해 보상을 실시했다. 그런데 이 과정에서 피징용 피해 보상은 오로지 사망자만을 대상으로 하여 1인당 30만 원씩 8552명에게 지급하는 데 그쳤다. 인적 피해자로서 사망자만을 고려하고, 당사자의 고통이 컸던 부상자는 보상 대상에서 제외시켰다. 한국 정부가 1962년의 6차 한일회담에서 일본 측에 대해 사망자 보상금으로 1인당 1650불을 요구했던 것에 비해, 부상자 보상금으로는 1인당 2000불을 요구했던 것은 그만큼 부상자의 피해가 크다고 보았기 때문인데, 75년 보상에서 부상자를 제외시킨 것은 지극히 부당한 처사라고 하지 않을 수 없다. 그리고 이때 사망자 유족들의 마음을 위로하는 방법을 강구하지 않은 것도 문제점으로 지적할 수 있다. 인적 피해자들에 대한 궁극적인 보상은 반성을 통한 화해와 마음의 위로라고 볼 때, 일본 정부에 의한 반성과 사죄를 담은 보상이었어야 했다. 그러나 일본 정부의 사죄가 없는 가운데서 청구권협정을 체결한 한국 정부는 보상금을 지급하면서도 대통령 서한 등으로 유족들을 조금이라도 위로하려는 방책은 취하지 않았다.

일본으로부터 어렵게 받은 청구권자금은 애초부터 비역사성과 함께 생산성이라는 이중적인 성격을 지니고 있었다. 역사 반성이 없는 일본 정부를 상대로 한국 정부는 피해자 개개인의 청구권은 무시한 채 협정을 타결했고, 이렇게 해서 끌어들인 자금을 불씨로 하여 경제개발에 박차를 가할 수 있었기 때문이다. 이미 공개된 한일회담 관련 자료에서도 군사정부가 얼마나 절실하게 신속한 자금 지원을 필요로 했는지, 일본의 경제적 침략 가능성을 들어 청구권협정을 비판하는 여론에 대해 이를 방어하려고 애썼는지 잘

---

11 高木健一, 『전후보상의 논리』(한울, 1995), 32~36쪽.

보여주고 있다. 예를 들어 자금을 도입하는 방식에서 일본 측이 주는 대로 받을 것이 아니라 한국 정부가 주도하여 일본에게 요구하는 방식을 최대한 모색했다는 것을 강조했다.

이와 함께 어렵게 끌어들인 청구권자금을 낭비 없이 경제발전에 효과적으로 사용하고자 하는 군사정부의 의지가 잘 나타나 있다. 동남아 국가들이 일본의 배상을 경제개발로 연결하는 데 실패한 것을 거울로 삼아 전문적인 감정을 통해 물품을 구입하고 경비 절감과 감사 및 국회보고를 의무화하려고 했다. 또한 경제발전을 위해 자금을 유효적절하게 사용할 것을 국민에게 설명하고 홍보하려는 각 부처의 노력이 곳곳에서 보인다. 그러나 수교 직후 청구권자금의 효율적인 관리와 사용을 위해 아무리 노력했다고 하더라도, 그런 노력이 피해자 보상의 성격인 청구권자금을 명목으로 하면서 실질적으로 극소수의 피해자 보상에 그쳤던 비인도적인 처사를 정당화할 수는 없다.

_6_
소록도 한센인의 수난과 보상

한센병(Hansen's Disease)이라는 명칭은 1873년 노르웨이의 의학자 한센(Gerhard Henrik Armauer Hansen)이 관련 박테리아(Mycobacterium leprae)를 발견한 데서 유래한다. 과거 치료가 불가능했던 시절에는 이를 '문둥병', '나병' 또는 '천형병(天刑病)'이라 불렀다. 필자도 어린 시절에 이 병이 전염성이 강하다는 소문을 믿고 한센인이 거주하는 곳을 피하여 통학했던 기억이 있다. 그러나 이 병은 실제로 활동성이 양성인 경우에만 전염성을 띠며 양성인 경우에도 약을 복용하면 음성으로 전환되기 때문에 거의 전염되지 않는다. 1941년에 특효약이 발명되면서 완치가 가능해졌으며 오늘날에는 이 병에 걸린 사람들도 일반 피부 질환자처럼 자유롭게 생업에 종사하면서 진료를 받고 있다.

2009년 5월 16일 한승수 국무총리가 전남 고흥군에 있는 소록도병원을 방문했다. 제6회 '한센 가족의 날'을 맞아 현직 국무총리가 처음으로 기념식에 참석한 것이다. 그뿐 아니라 한 총리는 "사회적 냉대와 차별, 편견 속에서 말할 수 없는 고통을 겪어 온 한센인과 가족 여러분에게 정부를 대표하여 심심한 사과와 위로의 말씀을 드린다"고 하며 한센인들에 대한 과거 정부의 차별과 냉대를 거론하고 공식적으로 사과의 뜻을 전했다. 뒤늦게나마 한국 정부가 역사의 그늘에 가려 있던 사람들에게 위로와 화해의 손길을 내민 것이다.

한국의 정부 당국자가 국내 한센인에 대해 처음으로 공식 사과 의사를 표명한 것은 2009년 4월 국회 답변에서였다. 스스로 한센병을 경험한 바 있는 임두성 한나라당 의원이 4월 10일 국회 교육·사회·문화 분야 대정부

| 2009년 3월에 열린 소록도 한센인 보상청구소송 보고대회

질문에서 한 총리에게 국가 공권력에 의한 한센인 피해 사건에 대해 공식 사과할 것을 요구했다. 그때 한 총리는 한센인 생존자들에 대한 사회적 불평등에 대해 공식적으로 사과하는 한편 이들을 위한 복지 수준 향상에 노력하겠다는 정부 입장을 밝혔다.

과거 일본제국의 한센병 환자 격리 수용 조치가 식민지 시기 한반도에도 그대로 적용된 것을 이유로 하여 한센병은 암울한 한반도 식민지 역사를 나타내는 것으로 일반인에게 각인되어 있다. 일찍이 일본제국은 1907년 '나병 예방에 관한 법률'을 제정하여 부랑자, 걸식 환자들을 대상으로 한 격리 수용을 시작했으며 1915년부터는 환자들을 대상으로 우생(優生) 수술에 의한 낙태와 단종(斷種)과 같은 비인도적 조치를 감행했다. 일본 정부의 시책에 맞추어 조선총독부는 1916년 소록도에 요양소 자혜병원(현 국립소록도병원)을 세우고 조선인 환자들을 격리 수용하고 비인도적인 행위를 저지르도록 했다. 1926년과 1933년에 두 차례에 걸쳐 요양소 확장을 강행하는 과정에서 토지 수용에 반대하는 소록도 주민들을 탄압하기도 하고 섬

| 2005년 도쿄지방법원의 결정에 항의하는 한센인 피해자들

밖으로 내쫓기도 했다.[12]

　　1945년 한반도는 식민지로부터 해방되었지만 도리어 소록도 한센인들은 사회적 혼란 가운데 또다시 커다란 수난을 겪어야 했다. 요양 시설 갱생원(更生園)의 경영권을 둘러싸고 조선인 직원들과 한센인 자치위원들 사이에 알력이 빚어진 가운데, 무장한 직원들이 8월 21일 84명에 달하는 한센인들을 집단으로 살육하는 만행을 저질렀다. 이때 일본인 직원들을 포함하여 소록도에 남아 있던 200명 정도의 일본인들은 공회당에 집결하여 이 사건에 직접 관여하지 않았고 한 사람도 피해를 입지 않았다. 다음 날 일본군이 출동하자 조선인 직원과 한센인 사이의 난리는 진정되었고 일본인들은 철수하는 군인들을 따라 여수로 안전하게 빠져나가 귀환 길에 올랐다.

　　해방 이후 오늘날에 이르기까지 '문둥이'라는 말이 전라도나 경상도

---

12 滝尾英二 編, 『植民地下朝鮮におけるハンセン病資料集成』第3卷(不二出版, 2001).

지방의 욕설로 사용될 만큼 한센병 환자들이나 한센병을 겪은 사람들은 한국 사회에서 멸시의 대상이 되어 왔다. 1963년까지 강제격리 수용정책이 계속되어 지금도 고령 환자들의 경우 가족들을 만나지 못하는 사람이 있다. 과거 국립 소록도병원 등에 강제 수용되는 과정에서 감금, 폭행, 낙태, 단종 등 인권 유린 행위가 수없이 자행되었다. 소록도에서 한센병 환자들에 대한 학살 사건이 수시로 발생했으며, 비토리섬에서는 주민과의 충돌 등으로 유혈 사건이 발생하기도 했다.

이러한 사건에 국가 공권력이 개입했다는 사실이 한국의 국가인권위원회의 2005년도 조사 결과 밝혀지면서 학살 사건에 대해 진상규명과 피해보상을 위한 국가 차원의 조치가 이루어져야 한다는 여론이 확산되기 시작했다. 그 결과 2007년 10월 '한센인 피해 사건의 진상규명 및 피해자 생활지원 등에 관한 법률'이 제정되었으며 2008년 10월부터 시행되기에 이르렀다. 그런데 현행법에 따라 책정된 예산 가운데 기념사업비가 대부분을 차지하고 있고 생존자에 대한 의료지원비와 생활지원비가 턱없이 부족하다는 점이 지적된다. 또한 현행법이 제정 때의 취지와는 달리 보상 대상과 범위가 좁고 한센인이 피해를 스스로 입증하도록 하고 있어 보상 수혜자가 기껏해야 100여 명에 불과한 것으로 알려지고 있다.

또한 한국의 한센인 보상 움직임은 이웃 나라 일본에서의 움직임에 큰 영향을 받았다는 점을 지적하지 않을 수 없다. 1998년부터 일본의 한센인들은 과거 나병환자 격리정책으로 인권을 침해당했다는 점을 들어 일본 정부를 상대로 집단소송을 제기하기 시작했다. 2001년 5월 구마모토(熊本)지방법원은 이 소송에서 정부 측의 피해배상 책임을 인정하고 배상금을 지급하라는 원고승소 판결을 내렸다. 판결 직후 고이즈미 준이치로 수상은 항소 포기를 선언하고 서둘러 그 다음 달에 '한센병 환자 보상을 위한 특별법'을 제정했다. 그 결과 약 1만 명의 환자와 유족들에게 환자 1인당 800만 엔에서 1400만 엔까지의 보상금을 지급하기에 이르렀다.

그런데 이때 일본 정부가 보상 대상으로 삼은 것은 일본 국내의 국립 및 사립 요양소와 연합국군 점령 시기 오키나와에 설치되었던 시설에만 국한되었다. 따라서 일본의 식민지였던 한국 소록도의 갱생원과 타이완 타이페이의 낙생원(樂生院) 입소자들이 일본 정부(후생노동성)를 상

| 1939년 소록도 확장 공사를 보도한 동아일보 자료

대로 보상을 청구하는 소송을 제기했다. 2005년 10월 도쿄지방법원은 타이완인 원고 측에게는 승소 판결을 내리는 한편, 한국인 한센인 원고 측에 대해서는 한일청구권협정을 들어 원고 청구를 기각하는 이중적인 판결을 내렸다. 이러한 판결에 불복하여 한국인들은 도쿄고등법원에 항소했다.

구식민지 한센인 당사자들이 계속 사망해 가는 상황에서 2006년에 들어 이들에 대한 보상 문제는 인도적인 차원에서 정치적 판단에 의한 조기 해결로 가닥이 잡혔다. 당시 일본 여당이었던 자민당은 국내 입소자 수준에 맞추어 구식민지 입소자에게도 1인당 800만 엔으로 하자는 보상법 개정안을 국회에 제출할 방침을 정했으며 일본 정부는 한국과 타이완 뿐 아니라

남태평양 지역도 대상에 포함시켜 보상할 방침을 내비쳤다. 원고 측 변호인단은 곧바로 이러한 정치적 판단을 받아들였고 같은 해 1월 31일 보상법 개정안이 중의원 본회의에서 가결되었고 2월 3일에는 참의원을 통과했다. 이에 따라 일본 정부는 타이완 낙생원 입소자 청구인 29명 전원에게 보상금을 지급했고, 소록도 입소자의 경우는 청구인 448명 가운데 입증 자료가 불명확한 사람을 제외하고 2009년 2월 현재 426명에게 보상금을 지급했다. 2월 24일 주한 일본대사가 소록도병원을 방문하여 "일본 정부가 한센병 보상법에 근거해 소록도 한센인들에 대한 보상을 사실상 완료하게 됐다"고 밝혔다. 일본 대사가 방문한 지 2개월 반이 훨씬 지나서야 한국의 국무총리가 소록도를 찾은 것이다.

_7_

부산에 건립될 강제동원피해 역사기념관

2008년 9월 1일부터 강제동원 피해자에 대한 지원신청서 접수가 시작된 가운데, 강제동원 피해에 관한 역사기념관을 건립하는 움직임도 가시화되고 있다. 일본과 청구권협정을 맺었음에도 강제동원 피해자에 대한 전후처리 문제를 소홀히 해 왔던 한국 정부가 뒤늦게나마 희생자들의 유족들을 위로한 국가 차원의 추도공간과 기념시설 마련에 나서고 있는 것이다.

2008년 9월 4일 부산시 자치행정관실은 보도 자료를 통하여 가칭 '일제강제동원 역사기념관'을 부산시 남구에 소재하는 당곡근린공원 안에 건설하기로 최종 결정했다고 밝혔다. 일반인에게는 일제의 수탈과 강제동원의 실상을 한 눈에 살펴 볼 수 있고 강제동원 피해자 유가족에게는 위로의 공간이 될 수 있는 형태로 기념관을 조성하겠다는 취지다. 나치 정권에 의해 박해받고 무참하게 학살당한 유태인을 추모하기 위해 만들어진 워싱턴의 홀로코스트 메모리얼박물관, 베를린의 유태인박물관, 예루살렘의 야드 바셈 홀로코스트기념관, 파리의 쇼아기념관 등과 같은 외국의 사례를 한국의 실정에 맞게 적용하겠다는 것이다.

일찍이 2004년 9월에 발효된 강제동원 피해 진상규명에 관한 특별법은 제3조 2항에서 '추도공간 및 사료관 조성에 관한 사항'을 규정하고 있었다. 이에 따라 일제강점하강제동원피해진상규명위원회가 2007년 5월부터 강제동원 희생자 추도 공간 및 기념시설 건립을 위한 기본 계획안을 마련하고 예산 관계부처와 협의를 개시했다. 그 결과 2008년부터 2012년까지 5년간에 걸친 제1차 사업에서 총 470억 원의 예산을 가지고 기념관을 조성하기로 한 것이다.

총 7만 6000여㎡의 부지에 건설되는 기념관 내부에는 추도탑 등의 추도 시설과 각종 전시실, 문서 등의 자료를 보관할 저장고, 극장 및 교육용 강당, 휴게실 등의 부대시설이 들어서게 된다. 그간 기념관 유치를 위하여 부산, 충남, 경기, 경남, 제주 등 후보 지역이 경합을 벌였다. 위원회는 피해자 단체를 모아 공청회를 거쳤으며 기념관 건립 자문위원들에게 접근성, 경제성, 환경성, 역사성, 사업 추진 용이성 등의 항목으로 평가하게 한 결과 부산을

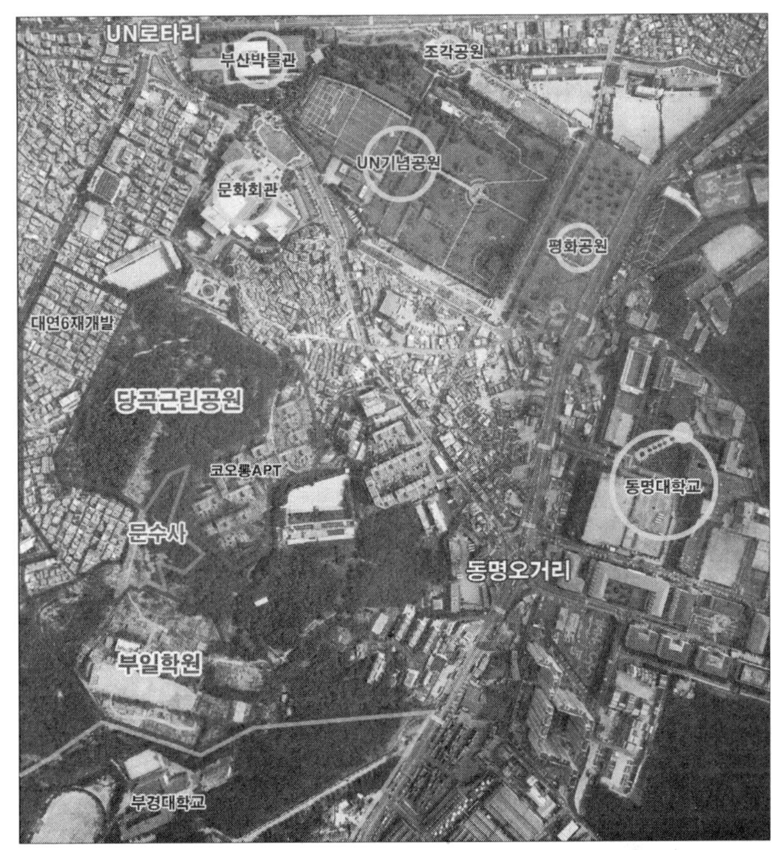

| 역사기념관에 관한 부산시 보도 자료 속의 지도

최저지로 결정하게 되었다고 밝혔다.

2008년 9월 시점에는 해당 위원회가 제1차 사업을 마치고 2단계 사업으로 테마공원과 수목원이 추가로 조성될 것이라는 그랜드 플랜을 제시하기도 했다. 이를 위하여 전체 사업비로 1500억 원이 소요될 것으로 보았으며 이 가운데 35억 원 상당의 부지를 부산시가 무상으로 제공하고 나머지 예산은 국비에서 지원될 것이라고 했다. 여기에 추도탑을 비롯한 추도시설, 전시실, 문서고, 교육시설, 부대시설 등을 세운다고 하는 계획을 밝혔다. 테마공원과 수목원도 조성하기로 했다. 부산시는 근린공원 주변의 문화회관, 시립 박물관, 평화공원 등과 잘 어울리도록 용역 단계부터 위원회 측과 긴밀하게 협의하고 기존의 추도시설과의 차별화로 세계적인 명소로 조성하겠다고 하는 적극적인 자세를 보였다.[13]

그런데 위원회가 준비단계로 2008년 기본조사 용역을 거쳐 2009년 상반기에 착공하기로 했는데 정부의 예산이 여의치 않아 착공을 미루다가 2009년을 넘기고 말았다. 위원회에 문의한 결과 2010년에는 이 사업을 위한 예산 마련에 나서겠다고 하는 원론적인 대답이 돌아왔다. 자칫하면 2012년까지 기념관을 완공할 것이라고 하던 애초 계획에 차질이 빚어질지 모르지만 건립하고자 하는 방침에는 아무런 변함이 없다고 했다.

부산은 일제시기에 일본열도와 대륙을 잇는 민간 이동의 접점이 되었던 지역으로 군국주의에 의한 강제동원의 역사를 되새기는 데 어느 지역보다도 역사성이 풍부한 곳이다. 이런 의미에서 부산에 일제시기 민간 피해의 역사자료관이 건립되는 것에 대해 큰 기대를 걸고 싶다. 중앙정부와 지방자치단체가 적극성을 보임으로서 기념관이 자료관, 전시관, 추도관으로서의 복합 기능도 함께 수행할 수 있는 공간으로 조성되기를 바란다. 그래서 많은 사람들이 찾아와 지난날의 어두운 역사를 돌이켜 보고 오늘날 우리가 향유하는 평화의 고귀함을 되새기는 장이 되기를 기대해 본다.

---

13 「지역내일신문」 2009년 6월 24일.

_8_
후세 다쓰지 변호사에 관한 영화

2009년 11월 19일 대한변호사협회는 이색적으로 일본의 영화 제작을 지원하기로 했다고 하는 보도 자료를 냈다. 일제강점기 식민지 조선의 독립운동가와 조선인의 인권을 위해 투쟁했던 일본인 변호사 후세 다쓰지(布施辰治)의 생애에 관한 영화다. 일본제국의 권력에 저항했던 후세는 오늘날에도 일본인 지식인이나 재일동포들로부터 널리 사랑을 받고 있으며, 그의 일생을 그린 연극 "살아야 한다면 죽어야 한다면"이 2007년에 일본에서 상연된 바 있다. 2009년 8월 발기인 대회를 가진 '후세변호사다큐멘터리영화제작위원회'는 아베 사부로(安部三郞) 전 일본변호사연합회 회장을 위원장으로 선임했다. 촬영과 제작을 맡는 이케다 히로오(池田博穂) 감독은 '도쿄대공습' 등 인권과 환경 문제에 초점을 맞춘 영화제작자로 일본에서 널리 인정받고 있는 인물이다. 6억 원가량 소요될 것으로 보이는 영화제작비 지원을 위해 후세 변호사의 모교인 메이지(明治)대학과 재일동포, 일본 변호사와 학자들이 성금을 마련하기 시작했다.

한국에 일본의 영화를 제작한다는 소식이 알려지자 11월 16일에 열린 대한변협 상임이사회도 이에 대한 지원방안을 검토하기에 이르렀다. 대한변협 대변인은 구체적인 지원 규모와 방법을 추후 결정하기로 했으며 협회의 재정 지원과 함께 모금에 나설 가능성을 시사했다. 이렇게 되면 일본변호사연합회도 이 영화제작을 지원하기로 되어 있어 한일 양국의 변호사 단체가 처음으로 합작 지원하는 영화가 탄생하게 되는 것이다. 이 영화는 제작 과정에서 후세의 고향인 미야기현(宮城縣) 주민들이 각자 일본제국 시기의 복장을 하고 후세의 강연을 듣는 관중으로서 엑스트라 연기에 협력하는 등

| 후세 다쓰지 변호사

화제를 불러일으켰다. 제작위원회는 90분 분량의 영화가 될 것이며 이르면 2010년 3월에 한국과 일본에서 동시에 시사회를 개최할 것이라고 했다.

후세는 1880년 태어나 1902년 메이지법률학교를 졸업하고 판검사 시험에 합격한 후로 오로지 인권운동과 사회운동 변호에 앞장서는 법조인의 길을 걸었다. 청년 시절에 톨스토이의 사상에 심취했던 것으로 알려져 있다. 그는 일본인의 인권 보호에 앞장서는 한편, 식민지 병합에 반대하고 1911년에 "조선 독립운동에 경의를 표한다"고 하는 문장 때문에 검찰국에 불려 가는 필화 사건을 겪기도 했다. 이후 그는 일제 권력에 투쟁하는 조선인들을 변호하는 데 발 벗고 나섰다. 그가 조선인을 변호하기 시작한 것은 도쿄에서 1919년 2월에 일어난 조선인 유학생 '독립선언' 사건에서 조선인 피의자 11명을 변호한 것으로부터라고 한다. 1923년 간토대지진 때에는 일본인의 조선인 학살에 대한 사죄문을 조선 신문사에 보내기도 했으며 자주 한반도에 건너와 의열단 등의 독립단체와 조선공산당 등을 변호하는 활동을 전개하기도 했다. 이러한 활동으로 그는 오늘날에 이르기까지 '일본판 쉰들러'로 회자되고 있다.

그는 일본 패전 이후에도 점령 당국과 일본 정부에 대해 재일동포의 민족교육 투쟁을 변호했다. 1949년 11월 도쿄에서 그의 70세 생일을 기념하

| 영화 "후세 다쓰지" 일본응원단 결성식

며 인권을 선언하는 대회가 열렸는데 관중 3000명 가운데 재일동포가 800명 정도에 이르렀다고 한다. 1953년 9월 13일 그는 73살의 나이로 영면했다. 9월 24일에 도쿄 히비야공회당에서 그를 추모하는 영결식이 거행되었는데, 단상에는 그가 평생 좌우명으로 삼았던 "살아야 한다면 민중과 함께, 죽어야 한다면 민중을 위하여"라는 문구의 현수막이 걸렸다.

1999년 가을 서울에서 열린 세계 NGO대회를 계기로 한국에서 그에 대한 헌창 운동이 일어나기 시작했다. 이듬해 11월에는 그의 탄생 120주년을 기념하여 한국 국회의원 회관에서 국제학술대회가 열리기도 했다. 때를 같이 하여 한국의 신문들이 그의 생전 업적을 널리 소개했으며 MBC TV는 그의 생애에 관한 60분짜리 특집 프로그램을 방영하기도 했다. 한국 정부는 그의 생전의 공로를 인정하여 2004년에 건국훈장을 수여했다. 이로써 그는 한국 정부로부터 건국훈장을 받은 유일한 일본인이 되었다. 참고로 한국 정부로부터 건국훈장을 받은 외국인은 2009년 말 현재 쑨원, 장제스 등 중국인 31명, 영국인 6명, 미국인 3명, 아일랜드인 3명, 캐나다인 1명으로 모두 45명이다.

_9_

2009년 고베 한일합동연구회

2009년 7월 24일부터 25일까지 고베(神戶)학생청년센터에서 한일합동연구회가 열렸다. 재일동포 역사가 고(故) 박경식 선생을 기리고 그가 남긴 자료들을 둘러보기 위하여 그에게 가르침을 받은 한일 양국의 연구자들이 2003년 여름에 시가(滋賀)현립대학에 모이면서 자연스럽게 한일합동연구회가 시작되었다. 박경식 선생은 1998년 서거할 때까지 30년간 이상을 재일코리안의 역사 문제와 강제동원 피해 문제를 중심으로 자료 수집과 연구에 심혈을 바치는 한편 관련 연구회를 주도함으로써 한일 양국의 연구자들에게 다대한 영향을 끼쳤다.

한국의 한일민족문제학회, 재일조선인운동사연구회 관동(關東)지부, 동 연구회 관서(關西)지부가 2년마다 여름에 번갈아서 합동 연구회를 개최해 오고 있다. 제2회는 2005년 부산에서, 제3회는 2007년 도쿄에서 각각 개최했고 2011년에는 제5회 연구회를 서울에서 가질 예정이다. 이번 연구회에서는 한국과 미국, 그리고 일본 각지에서 50명 정도가 참가한 가운데 3명의 연구자가 발표하고 각각의 발표에 관한 열띤 자유토론이 이루어졌다. 첫째 날 오후의 발표회와 둘째 날 오전의 필드워크에서 이루어진 발표와 토론 내용들을 간략하게 요약함으로써 고베 한일합동연구회 결과를 소개하고자 한다.

발표회의 첫 번째로 한일민족문제학회 소속의 필자가 "일제강점하 강제동원 피해자 공탁금에 대한 한국 정부의 지원 현황"을 주제로 하여, 2008년 9월부터 2009년 6월까지 관련 피해자의 접수 상황과 관련 위원회의 주요 정책결정 사항을 보고했다. 2007년 11월에 국회를 통과하여 12월에 공포된 지원 관련 법률에 근거하여, 한국 정부는 공탁 금액 1엔(円)당 2000원의

| 고베 한일합동연구회

비율로 하여 현재 피해자들에게 지원금을 지급하고 있다. 2009년 6월 말까지 총 1만 334건이 접수된 가운데 현재 4280건이 처리되었으며 그중에 3763건이 지급 결정되었다. 지급 금액으로 보면 총 142억 원이 처리되어, 평균 미수금 피해자 1인당 377만 원가량이 지급된 셈이다.

현재까지 미수금 지원 지급 대상자로 결정된 피해자는 공탁 근거 자료를 제출한 군인과 군속 피해자에 한정되어 있고, 노무자는 단 한 명도 없다. 한국 정부는 2008년 11월부터 몇 차례에 걸쳐 노무자 공탁 확인 자료를 요청했지만, 일본 정부로부터 회답이 계속 늦어지다가 결국 2009년을 넘기게 되었다. 뒤늦게 일본 정부는 2010년 3월 공탁 자료를 한국 측에 건네겠다고 하는 공식적인 의사를 표명했다.[14] 이렇게 되면 근거 자료에 따라 노무자 미수금에 대한 한국 정부의 지원도 비로소 시작될 것으로 보인다.

고베 발표회에서 필자의 발표가 끝난 후 토론 과정에서 사할린 피해자 등에 대한 지원 여부와 미수금 피해자 총수를 묻는 질의 등이 나왔다. 필자는 사할린 피해자에 대한 지원이 국가 재정을 통한 이중 지원적인 성격을 가지고 있다는 한국 정부 측의 입장을 전달하는 한편, 미수금 피해자 현황을 파악

---

14 「조선일보」 2010년 1월 8일.

하기 어려운 사정을 설명하고 일본의 연구자들에게 피해 노무자와 관련된 자료들을 한국의 관련 위원회에 적극 제공해 줄 것을 요청했다.

두 번째 발표로는 재일조선인운동사연구회 관동지부 소속의 미야모토 마사아키(宮本正明) 연구자가 "점령기 일본 정부의 재일조선인 대책"을 주제로 하여, 외무성 소장 자료를 활용하여 1948년 중반부터 1949년 초반까지 재일코리안의 국적 문제에 대해 외무성 조약국 내부에서 어떠한 논의들이 있었는지를 밝혔다. 이 시기에 한반도에서 새로운 국가가 성립되어 감에 따라 일본 정부 내에서 관련 정책결정자들이 종래의 애매한 재일코리안 대책 방침에서 국적을 명확하게 하는 방향으로 검토하게 되었다. 검토 과정에서 한국(조선) 국적이나 일본 국적으로 확정하는 방안, 재일코리안에게 국적 선택권을 인정하는 방안 등이 논의되었다.

특히 이번 발표에서 1948년 11월 단계에 신생 국가 성립에 따른 재일코리안의 '조선 국적 회복' 논리가 등장했고 일본 국적 희망자에 대한 선별 방침을 검토한 것을 밝힌 것이 가장 중요한 대목이라고 할 수 있다. 그것은 1952년 샌프란시스코강화조약 비준과 함께 재일코리안에 대한 '일본 국적 박탈' 조치로 이어지는 정책의 원형이 이 시기에 이미 이루어졌다는 것을 입증하는 것이기 때문이다. 이 발표가 끝나고 토론 과정에서 '조선 국적 회복' 논리와 "국적 선택을 인정할 경우 대다수가 일본 국적을 선택할 것"으로 판단한 근거 자료를 추적할 필요가 있다는 의견 등이 나왔다.

세 번째 발표로는 재일조선인운동사연구회 관서지부 소속의 다케우치 야스토(竹內康人) 연구자가 "미쓰이(三井)재벌과 조선인 강제연행"을 주제로 하여, 2차 대전 시기 미쓰이 계열 기업에 강제동원된 조선인 노무자에 대하여 개략적으로 설명하는 한편, 미이케(三池)탄광을 개별 사례로 하여 강제연행의 실태를 밝혔다. 일본 석탄통제회의 통계 자료에 의하면 1944년

10월 시기에 미쓰이 계열 탄광에만 조선인 노무자가 총 3만 3000명가량 노역을 담당한 것으로 나타났다고 한다. 실제로 얼마만큼의 조선인 노무자가 동원되었는지는 확정하기 어렵다. 다만 종래의 연구 결과 이 시기 일본 전국의 탄광에 강제동원된 노무자 수가 노역을 하고 있던 재직자 수의 두 배에 달했다고 하는 점을 감안한다면, 적어도 6만 명 이상의 조선인 노무자가 미쓰이 계열 탄광에 동원되었을 것으로 볼 수 있다.

이와 함께 다케우치 연구자는 탄광 뿐 아니라 미쓰이 계열의 니혼제강이나 미쓰이조선(造船) 등에도 수많은 조선인 노무자가 동원되었다고 하는 점을 부연하고 강제동원 진상규명을 위한 참고 자료들을 소개했다. 발표 후 토론 시간에는 일본 각지에서 강제연행 관련 자료와 현장을 조사하고 있는 여러 연구자들로부터 자료 현황과 해석을 둘러싼 다양한 질의와 보완 설명이 나왔다.

둘째 날 오전에는 간간이 소나기가 내리는 가운데 고베 항구 부근에서 간단한 필드 워크 프로그램을 가졌다. 이번에 합동연구회의 전체적인 기획과 운영을 담당하기도 한 히다 유이치(飛田雄一) 연구자가 '고베항 평화의 비석'에 대한 안내와 설명을 담당했다. KCC(神戸中華總商會) 건물 앞에 서 있는 이 비석은 전시기 한반도와 중국에서 강제 동원되어 고베항에서 하역 작업 등에 종사하다가 질병과 사고 등으로 사망한 조선인과 중국인 희생자, 그리고 연합국군 포로들을 추모하는 것으로 고베의 시민단체가 2008년 7월에 건립했다.

한편 고베에 거주하는 김경해(金慶海) 연구자는 KCC 건물 10층 회의실에서 전시 고베항 강제동원 조선인의 자료와 통계에 관하여 발표했다. 그는 1946년에 일본 후생성이 작성한 '조선인 노무자에 관한 조사의 건'을 주된 자료로 하여, 전시기 고베항 부근에 위치해 있던 미쓰비시(三菱)중공업 조선

소 등 15개 작업소에 약 5300명의 조선인 노무자가 강제동원되어 근무했으
며 이 가운데 20명이 사망한 것으로 되어있다고 하는 것을 밝혔다. 그리고
그는 고베의 도후쿠지(東福寺)에 60건 정도 조선인 노무자 유골이 있는데
이들의 사업장을 알 수 없다고 하는 점 등을 들어, 후생성 자료에 나타나지
않은 수많은 조선인 피동원 노무자들이 더 있었을 것이라고 말했다.[15]

15 재일동포 사학자 金慶海 연구자는 2009년 12월 6일 페기종으로 71세의 생을 마감했다.

Ⅱ. 한국의 정치사회 변화와 한일관계

_1_
이명박 대통령 당선인의 대일관계 발언

2007년 12월 대통령 선거에서 한나라당 이명박 후보가 유례없는 표 차이로 압승을 거두며 대통령에 당선되었다. 제17대 대통령 취임식이 열린 것은 2008년 2월 25일이지만 이미 2007년 연말부터 정국은 이명박 대통령 당선인에 의해 주도되기 시작했다. 그는 당선 직후 일찍이 12월 26일에 이경숙 숙명여대 총장을 위원장으로 하는 대통령직 인수위원회를 출범시키고 정권 인수를 위한 작업에 들어갔다.

이명박 대통령은 당선인 시기에 몇 차례에 걸쳐 한일관계 관련 발언에서 미래지향적인 새로운 관계 증진을 향한 적극적인 의향을 내보인 바 있다. 당선인의 한일관계에 관한 기본 생각이 언론에 보도되기 시작한 것은 2008년 1월 17일 신년 외신기자회견에서였다. 그는 그 자리에서 일본의 과거사 인식 문제에 대해 "나 자신은 이제 새로운 성숙된 한일관계를 위해서 사과해라 반성해라 하는 말을 하고 싶지 않다"라고 발언한 것으로 보도되었다. 그리고 그는 나흘 후 21일 이상득 국회부의장을 단장으로 하는 방일 특사단 보고 모임에서도 후쿠다 야스오(福田康夫) 수상이 과거사 인식을 한일 양국이 공유하고 미래지향적인 양국관계를 만들자고 했다고 하는 것에 대해 만족감을 표시한 것으로 알려졌다.

이 당선인의 기본 생각은 그 후 2월 1일 후나바시 요이치(船橋洋一) 아사히신문 주필과 가진 대담에서도 거듭 피력되었다. 한국의 경제정책과 대외정책을 중심 주제로 한 질의와 응답 형태의 인터뷰에서, 그는 역사 문제에 대해 전문가들이 열린 마음으로 토론하면 될 것이라고 대답했으며, "독일과 프랑스 학자들이 장기간의 토론을 거쳐 하나의 교과서를 만든 것처럼 우리도 전문가들에게 맡기고 양국은 미래를 향해 가야 한다"고 말했다. 아울러 새로 들어설 정부는 이제까지의 참여정부와는 달리 한일 양국 간 현안에 대해 대화가 가능하도록 관계를 발전시켜 가겠다는 뜻을 강하게 내비쳤다. 그는 당선 직후 후쿠다 수상에게 직접 전화통화를 통해 셔틀외교를 복원하자고 제의했다고 하는 것을 강조하면서, 마침 후쿠다 수상이 아시아를 중시하고 있기 때문에 앞으로 양국관계가 미래지향적 관계가 될 수 있는 좋은 기회가 온 것으로 본다고 말했다.[1]

한일 양국 간 경제적 상호의존과 민간교류가 심화되고 있는 현실 상황을 고려할 때, 과거사에 발목 잡히지 않고 미래 협력적 외교관계를 구축해 나가겠다고 하는 이 당선인의 의향은 그 당시 대체로 한일 양국 국민들로부터 호감을 얻었다. 그때 인터뷰 가운데에서는 역사 문제를 극복하기 위해서 일본 정부에 대해 "일본 국내정치를 위하여 국제관계를 손상시키지 않기를 바란다"고 주문하면서도, "이러한 문제는 일본만의 문제가 아니다"라고 함으로써 과거 참여정부가 국내 여론에 민감하게 대응하다가 외교적 문제를 그르친 점을 교훈으로 삼겠다는 견해를 내비친 것도 납득할 만한 것이었다. 뿐만 아니라 참여정부가 과거사 문제와 얽혀 진척시키지 못한 일본과의 자유무역협정(FTA) 문제에 대해서 새로운 정부에 들어서 적극적으로 추진할 뜻을 밝힌 것도 같은 맥락에서 바람직한 방향이라고 긍정적으로 평가할 수 있는 것이었다.

그런데 한편으로는 이러한 당선인의 견해에 대해서 많은 사람들이 한일 간 과거사 문제를 가볍게 여기고 있는 것은 아닌가 하는 의구심을 느꼈던 것도 사실이다. 과거 김영삼 대통령과 노무현 대통령이 취임 직후 공통적으

---

1 「朝日新聞」 2008年 2月 2日.

로 장밋빛 미래지향적 한일관계를 주장하고 가능한 과거사 문제를 거론하지 않겠다고 호언장담했다가 정권 중반에 들어서면서 국내 여론이 악화되자 일본의 과거사 문제를 성토하고 나섰던 일이 반면교사처럼 떠오르기 때문이다. 어업협정을 다시 새로 체결하는 문제로 시끄럽던 김대중 정부 초기를 제외하고는 문민정부 이후 대체로 정권 초기에는 화기애애한 분위기에서 대일관계를 시작했다. 하물며 참여정부 초기로 거슬러 올라가 보더라도, 고이즈미 준이치로(小泉純一郎) 수상과 매우 원만한 관계를 유지해 갈 듯 보였다. 돌이켜 보면 그때 사상 처음으로 양국 정상의 셔틀회담까지 단행할 만큼 분위기가 좋았다. 그런데 과거사 문제로 여론이 점점 악화되자 나중에는 대통령이 나서서 일본을 '성토'하는 모습까지 보이게 되었다. 오히려 어업협정 문제를 둘러싸고 일본과 긴장관계에서 정권을 인수받았던 김대중 대통령의 경우가 5년 기간 내내 다른 정권에 비해 상대적으로 무난한 대일외교를 펼친 것으로 널리 평가받고 있는 것은 바람직한 대일외교가 무엇인가를 생각하게 하는 데 시사점이 많다.

후쿠다 야스오 수상은 고이즈미가 어지럽혀 놓은 주변국 외교에 대한 일본 국민들의 비판적 분위기에 힘입어 정권 총수가 된 인물이다. 다행스럽게도 그는 고이즈미 카리스마의 부산물이었던 주변국에 대한 '먹물'을 수습하는 차원에서 신중한 행보를 계속하고 있었다. 그러나 일본 사회의 전반적인 분위기가 우경화하고 있고 일본 정치의 주도권이 전후 세대 정치가들에게 넘어가고 있는 상황에서, 경우에 따라서는 일본의 정치권이나 사회 여론이 전후 최고의 대중적 지지를 받았던 고이즈미의 리더십에 대한 향수를 불러일으키면서 언제든지 주변국 관계를 향해 다시 '먹물'을 뿌릴 가능성이 잠재해 있는 것도 분명했다. 여기에다가 한국의 여론은 어떠한가. 일본 정치가들의 부적절한 발언이나 독도 영유권 문제가 재발하게 되면 국내 여론은 잠잠하지

| 2008년 대통령 당선자 신년 외신기자회견과 인터뷰 내용을 보도한 아사히신문

않을 것이다. 다투어 강한 논조로 일본을 성토하면서 급기야는 '대통령의 결단'을 요구하게 될 개연성이 언제든지 존재한다. 그만큼 일본의 과거사 문제는 한국의 대통령으로서 가볍게 다룰 수 있는 사안이 결코 아니다.

그렇지만 새로운 대통령 당선인에게 만일 과거사 문제가 양국 언론에 뜨겁게 달아오르는 일이 발생한다고 하더라도 전임 대통령과는 다르게 보다 의연하면서도 신중한 대응을 보이기를 많은 사람들은 원하고 있었다. 당시 아사히신문과의 인터뷰에서 역사 문제에 대해 관련 전문가들의 끊임없는 대화를 유도하겠다고 언급한 것처럼, 그가 대통령으로 재임하고 동안 역사인식 외교에 있어서도 경색 국면에 들어가는 일을 최대한 회피하고 언제라도 다각적인 외교 채널을 통해 부단한 교섭과 대화를 시도하는 모습을 보어주기를 기대했다. 이와 함께 대일 비난 여론에 휩쓸려 감정이 격앙되기 쉬운 국민들을 설득하여 차분하게 사고할 수 있도록 유도하는 대통령의 리더십이 요망된다. 의연한 외교적 대응이 가능하도록 돕기 위해서는 국내 언론들이 반일감정을 부추기기보다 냉철한 판단과 정책을 우선시하는 논조를 유지해야 하는 것은 두말 할 나위 없다. 과거사 문제는 중대하지 않은 문제라서가 아니라 양국관계에 부정적 영향을 끼칠 소지가 너무도 크고 그래서 조심스럽게 다루어야 하는 문제이기 때문이다.

_2_
신임 주일 대사의 대일관계 과제

2008년 4월 15일 이명박 대통령은 미국과 일본을 방문하기에 앞서 권철현 주일 대사에게 임명장을 수여했다. 유명환 전직 대사의 외교통상부 장관 취임으로 공석이 된 자리를 정치가로 메운 것이다. 권 대사는 부산지역 출신으로 1996년부터 연속 3회 한나라당 지역구 의원에 당선된 경력을 가지고 있다. 그는 2007년 대통령 선거 과정에서 무소속 이회창 후보의 출마 철회를 촉구하며 국회 집무실에서 단식 농성을 벌인 것으로 유명하다. 다만 한나라당 내부 사정으로 2008년 4월의 제18대 국회의원 총선거 공천에서 제외되었는데 이 대통령이 그를 특명전권대사로 기용한 것이다. 그는 2004년부터 한일의원연맹 부회장 겸 간사장을 맡은 일본통 정치가로 1987년에는 쓰쿠바(筑波)대학에서 도시사회학 박사를 취득하기도 했다. 이 대통령의 측근 중의 측근이며 2008년 1월 새 정부 출범에 앞선 방일특사단원으로 일본을 방문한 바 있다. 일반적으로 관료 출신과 달리 정치적 인물이 재외공관장이 되는 경우에는 외교관계에서 새로운 비전을 제시하거나 경색된 위기국면을 타개하는 데 도움이 된다는 장점이 있다. 그러나 역으로 자칫하면 일상적 외교 관리에서 허점을 보이기 쉽고 외교적 물의를 일으키기 쉬운 단점도 있다.

때마침 대사 취임 직후 2008년 4월 26일 부산 MBC 방송국은 권철현 대사를 초청하여 라디오 시사 프로그램 "지방시대 부산" 방송을 녹음했다. 이희길 보도제작부장이 사회를 담당했고 여기에 필자는 전문가로서 출연했다. 이 프로그램은 권 대사로부터 신임 재외공관장으로서의 마음가짐과 새로운 한일관계에 관한 전망을 듣는 것을 주된 내용으로 하여 기획되었으며, 5월 4일 일요일 아침 8시 10분부터 50분간 방송되었다. 방송 진행상 사회자가 질문을 던지고 이에 대해 출연자가 각각 대답하는 형식을 취했으나, 이때 필자는 원론적인 차원에서 바람직한 한일관계 구축을 위한 신임 대사의 임무로서 다음과 같은 사항을 직간접적으로 당부했다.

첫째는, 이명박 정부에 의한 새로운 한일관계가 시작되는 시점에 비추어 앞으로 어떠한 난관이 있더라도 실용외교 정책의 기조를 굳게 해 나가야 한다는 인식이 중요하다는 점을 강조했다. 이것은 대통령의 방일에 관한 평가와도 직결되는 문제였다. 이 대통령의 방일 회담은 그간 중단되었던 셔틀외교를 복원하고 경제협력 확대를 위한 물꼬를 텄다는 점에서 높이 평가할 수 있다. 그리고 새로운 한국 정부가 대일외교에서 지나치게 과거사 문제로 갈등을 야기하지 않으면서 실용주의 노선을 취하겠다고 천명한 것도 나름대로 평가할 만한 일이었다. 그러나 이러한 국익에 바탕을 둔 원칙적 방향의 천명은 역대 정부에서도 정권 초기에 공통적으로 해 왔던 일이었음을 유의해야 한다고 지적했다. 그것은 그해 4월 18일 권 대사가 도쿄에서 "과거사 문제에 관하여 언급하지 않겠다"라고 발언한 이후, 몇 차례에 걸친 그의 발언들이 국내 언론의 구설수에 오른 일이 있었던 것을 반성으로 삼자는 의견이었다. 아무리 '실용' 외교를 펼쳐나가는 것에 대해 좋은 평가를 받고 있다 해도 국내 여론이 과거사 문제에 관하여 호락호락하지 않을 것이라는 것을 염두에 두고 신중하고 의지 굳게 기조를 유지해 나갈 것을 주문한 것이다.

둘째는, 협력 기조를 유지하기 위해서 갈등의 요소가 있는 문제에 대해서는 신중한 외교적 수사법(rhetoric) 사용이 필수적이라는 점을 강조했다. 예를 들어 "과거사 문제를 언급하지 않겠다"라는 의지(意志)의 표명은 듣는 사람에게는 강렬한 메시지를 주는 대신에 자신의 언행을 구속하게 된다는

| 주일한국대사관 건물

문제점을 갖게 된다. 같은 문제에 대해 "가능한 언급하지 않도록 하겠다"라든지, "언급되지 않기를 희망한다"라는 등의 표현으로도 일본 측에 대해 협력을 중시하는 의지를 충분하게 표명할 수 있다는 것이다. 과거 참여정부가 대일관계에 있어서 외교적 수사법을 적절히 활용하지 못하고 정권 초기에 강렬하게 내세웠던 협력 의지를 나중에 일본 수상의 반동적 움직임에 따라 쉽게 뒤엎고 일관성을 상실했던 점은 교훈으로 삼아야 한다. 조건이나 상황에 의해 바뀔 수도 있는 외교적 문제에 대해서 쉽게 강렬한 의지를 표명하고 이를 쉽게 번복하는 일은 외교적 신뢰를 그르치는 일이 되기 쉽다. 국익을 위해 주재국 정부와 협조 노선을 견지해야 하는 특명전권대사는 민감한 외교적 문제에 대해 가능한 직설적인 표현을 삼가야 한다.

셋째는 독도 문제의 해소와 과거사 문제의 해결을 위해서도 한일 간 외교적 협조가 필요하다는 점을 강조했다. 한국이 실효적으로 지배하고 있는 독도 문제에 대해 일본 정부는 국제법적으로 분쟁 지역화하기를 희망하고 있다. 이러한 상황에서 한국 측이 굳이 이 문제를 외교적으로 강하게 제기하여 일본 국내 여론을 환기시키고 한일관계를 경색시키는 일은 피해야 한다. 또한 과거사 문제의 핵심은 일본제국의 전시동원정책에 의해 피해를 입은 사람들을 어떻게 보상할 것인가 하는 점에 있다. 이 문제의 원만한

| 대통령으로부터 임명장을 받는 권철현 주일 신임대사

해결을 통해 가능한 피해자에 대한 보상이 적절하게 이루어지기 위해서도 무엇보다도 한일 양국의 외교적 분위기가 좋아져야 한다. 독도 문제의 역사성을 뒷받침하는 일이나 과거사 문제를 규명하는 일은 준정부기구나 민간기구에서 담당해야 하며 이를 위한 정부의 지속적인 지원과 관심이 필요하다. 아울러 이러한 문제가 한일 양국의 협조 노선을 그르치지 않도록 다양한 외교 채널을 가동하는 한편 국내 언론과의 유기적 협조 관계를 유지하는 것도 중요하다.

넷째는 부산 등 지방의 활성화를 위해서도 외교적 지원이 필요하다는 점을 강조했다. 현재 한일 간에는 다양하게 자매도시가 형성되어 있으며 국경을 초월한 광역 단위의 통합경제권 구상이 논의되고 있다. 이러한 일들이 지방자치단체에 대한 경제적 효과로 이어지기 위해서는 지방 스스로의 노력과 함께 국가적 외교적 지원이 필수적이다. 정부 차원에서 일본과 경제제휴협정(EPA)이나 자유무역협정(FTA)을 추진하여 중장기적으로 한일 양국의 지방 간 물류 흐름의 장벽을 완화시키는 일도 중요하며 사증 발급에서 체류 조건을 완화하여 인적 교류의 확대를 유도하는 일도 중요하다. 단기적으로는 한국의 지방도시가 주관하는 투자 유치와 관광 홍보 활동에 대해 재외공관이 적극 협력하는 것이 중요하다. 이러한 측면에서 신임 대사가 일본통 정치가임과 동시에 주재국에 많은 지인이 있다는 점에서, 앞으로 그의 활발한 지원 활동을 기대하는 사람들이 많을 것이다. 일본인 또는 재일동포 경제계 인사들과 두터운 친분 관계를 유지하고 한일 간 경제교류의 모임에 적극 참여하기를 희망한다. 화려함보다는 신뢰감을 주는 절제된 언사가 필요하며, 경우에 따라서는 존재(presence)만으로도 국가의 대표성을 충분히 나타내어 커다란 외교적 성과를 이끌어낼 수 있다.

_3_
한국 정부의 강제동원 피해자 지원

2008년 6월 18일 '태평양전쟁전후국외강제동원희생자지원위원회'(국무총리실 산하)가 서울 종로구 신문로 세안빌딩에서 사무실 현판식을 열고 업무를 시작했다. 위원장직에는 김용봉 서울 백병원 원장과 정남준 당시 행정안전부 2차관이 공동으로 취임했으며 위원직에는 위촉직 7명과 당연직 2명이 선임되었다. 이날 위원회는 첫 업무로 사무국 조직과 운영에 관한 규칙을 심의 통과시켰다.

이 위원회는 2007년 11월 국회에서 의결되고 12월에 공포된 '희생자지원법'에 기초하여 설립되었다. 위원회의 활동으로서는 '지원법' 규정에 따라 희생자와 피해자를 심의 판정하고 지원하는 업무를 담당하고 있다.[2] 1938년 4월부터 1945년 8월까지 일제에 의해 국외로 강제동원되었다가 숨지거나 행방불명된 희생자 유족에게 위로금 2000만 원을 지원하기로 하고, 다만 70년대 한국 정부로부터 보상을 받은 경우는 234만 원을 공제하고 지급하기로 했다. 또한 중증장해 결정을 받은 피해자에게도 2000만 원 이하의 위로금을 지급하고 있으며 생환하여 현재까지 생존하는 피해자에게는 연간 80만 원의 의료비를 지원하고 있다. 그리고 강제동원 피해자 가운데 미수금이 공탁된 사실이 판명된 사람에게도 공탁 금액의 2000배에 해당하는 지원금을 지급하고 있다. 위원회는 강제동원 피해자들이 고령인 점을 고려하여 늦어도 2008년 8월 초까지 피해지원 신청접수를 공고하고 9월부터 접수를 받아 가능한 신속하게 지원업무에 들어갈 방침을 밝혔다.[3]

---

2 지원위원회 홈페이지. www.jiwon.go.kr.
3 「연합뉴스」 2008년 6월 18일.

| 지원위원회 현판식과 본회의

2008년 6월까지 '일제강점하강제동원피해진상규명위원회'에 접수된 피해 신고 건수는 모두 22만 5000건에 달하며, 이 가운데 8만 1000건 정도가 강제동원 피해자로 결정을 받은 상태였다. 기획재정부는 애초 5000억 원 정도의 지원 금액이 소요될 것으로 예측했다. 구체적으로는 사망 희생자로서 지원대상자 수가 1만 7000명으로 지원금 3200억 원, 행방불명 희생자는 700명으로 140억 원, 부상 피해자는 1500명으로 94억 원, 피해 생존자는 3만 명으로 1250억 원, 그리고 미수금 피해 인원과 금액은 그 전체 윤곽을 파악하기조차 곤란하지만 총 240억 원이 지원될 것으로 추산했다.

강제동원 피해자에 대한 지원이 이루어지게 된 것은 2005년 한일수교 회담 문서공개를 계기로 과거 70년대 정부 보상에서 미흡한 부분이 많았다고 하는 것이 확인되었기 때문이다. 70년대에는 재무부장관을 위원장으로 하는 '대일민간청구권신고관리위원회'가 신고를 접수하고 청구권 증거와 자료 적부 심사를 담당했으며, 보상금 지급을 결정하는 업무는 재무부 산하의 '대일민간청구권보상사무국'이 담당했다. 1975년 7월부터 2년간에 걸쳐 실시한 인명 피해 보상에서 총 8910명의 신고가 접수된 가운데 8552명에 대한 보상만이 이루어졌고, 강제동원 사망자에 한하여 1인당 30만 원으로 총 25억 6560만 원이 지급되었다.[4] 그 결과 이때 인명 피해 보상 대상에서 부상자나 생존자가 제외되었고 이와 함께 징용 징병에 의한 강제동원 피해자의 미수금이 보상에서 제외되었다.[5]

이러한 70년대 보상의 미흡함을 보완하는 차원에서 이번에 사망자, 행방불명자, 부상자에 대해 위로금을 지급하고 생존자에게는 고령자임을 감안하여 의료지원금을 지급하기로 한 것이다. 다만

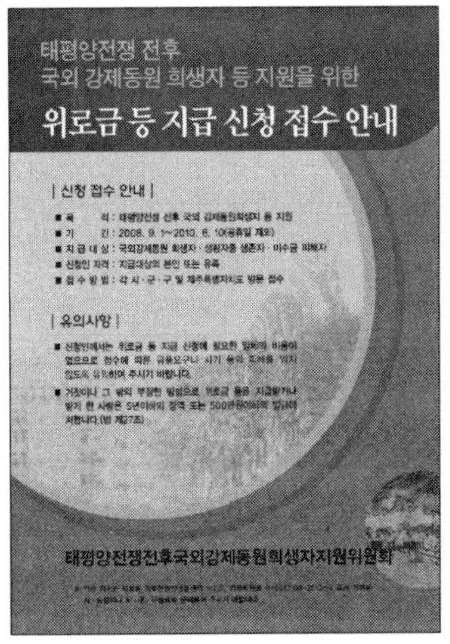

| 지원금 신청 접수 안내 포스터

이번 지원에서도 기본적으로 한일청구권협정에서 논의된 범위에 한정하여 국외동원 피해자만을 대상으로 하게 되고 국내동원 피해자는 제외되었다. 70년대 인명 피해 보상에서 유족(신고권자)의 범위를 강제동원 사망자의 배우자, 자녀, 부모, 조부모까지로 했는데, 이번 '지원법'에서는 피해자의 손자녀와 형제자매까지 그 범위를 확대했다. 70년대 보상법에서는 2년간의 지급 기간을 설정했는데, 이번에는 기한을 명시하지 않았다. 다만 신고 접수 기간은 2008년 9월 1일부터 2010년 6월 10일까지로 한정하고 있으며, 각 시·군·구 민원실에서 접수를 담당하고 있다.

'지원법' 제정 직후 지원금을 둘러싸고 지방에서 사기 사건이 발생하는 등 불미스러운 일이 발생하여 정부 관련 기구와 시민단체가 나서 피해자와 피해자 단체에게 이를 경고하고 주의를 당부한 일이 있다. 기본적으로 '일제강점하강제동원피해진상규명위원회'의 판정 결과에 따라 지원이 이루어

---

4 재산 피해 보상으로는 약 67억 원이 지급되었다.
5 재무부, 『대일민간청구권보상 종결보고서』(1978).

지고 있지만, 강제동원 피해자의 부상 장해를 구체적으로 판정하여 지원금을 결정하는 일이나, 유족으로 인정하여 지원금을 배당하는 일, 관련 자료의 해석을 통해 미수금 지원 금액을 결정하는 일 등에서 난관에 부딪치는 일이 많다. 따라서 지원위원회 안에 분과위원회를 두고 일차적인 심의를 담당하고 있다.

2009년 말까지 지원위원회는 5만 건 정도를 접수하여 약 3만 5000건에 대하여 지급 처리함으로서 70% 정도의 처리율을 보이고 있다. 애초 예상했던 것과 비교하면 사망자와 행방불명자 위로금과 생존자 의료지원금 신청자가 적게 나타난 반면, 부상 피해자와 미수금 피해자 신고는 많게 나타났다고 한다. 전체적으로 금액면에서 사망자와 행방불명자 위로금이 큰 비중을 차지하고 있기 때문에 애초 예상했던 5000억 원보다는 적게 지원금이 지급될 것으로 보인다. 다만 2010년 벽두에 일본 정부가 10만 건 이상의 조선인 노무자 공탁금 관련 자료를 한국에 전달하겠다는 의사를 밝힌 것과 관련하여, 새롭게 이 자료를 근거로 하여 미수금 피해자 뿐 아니라 사망자와 행방불명자 피해 신고가 나올 수도 있기 때문에 지원금이 애초 예상했던 금액에 육박할 정도로 늘어날 가능성도 없지 않다.[6]

---

6 「조선일보」 2009년 1월 8일.

_4_
한국 정부의 강제동원 희생자 유골 봉환

2009년 7월 9일 천안시 '망향의 동산'에서 일제 강제동원 희생자 유골 봉환 추도 및 안치식이 거행되었다. 일제강점하강제동원피해진상규명위원회(이하, 위원회)가 주요 사업 가운데 하나로 추진해 오고 있는 유골봉환 사업에 따라 2008년 1월에 101위, 2008년 11월에 59위, 그리고 이번에 44위의 유골이 일본에서 한국으로 돌아오게 되었다. 세 차례 모두 도쿄 유텐지(祐天寺)에서 관리해 오던 유골들을 대상으로 하여 봉환이 이루어졌다.

위원회가 발족되기 이전에도 민간 차원의 유골 봉환 이외에 공식적인 절차를 거쳐 일본에 있던 유골이 한국인 유족에게 전달된 일이 있다. 일찍이 해방 직후부터 일부 재일동포 유지들이 독립운동 희생자들의 유해 발굴과 봉환에 노력한 결과, 1946년 7월 윤봉길, 이봉창, 백정기 의사(義士)의 유해가 도쿄에서 서울로 이송될 수 있었다. 1948년에는 연합국군총사령부의 지시에 따라 육군과 해군 유골 6000위가량이 남조선 과도입법정부에 인도되었으나 이때의 유골은 그 일부만 유족에게 전달되고 대부분 한국전쟁 등으로 유실되고 말았다.

한일 국교정상회 이후 1969년에 양국 각료회의에서 일본에 있는 한국인 군인, 군속 희생자 유골 가운데 남한 출신 유골에 한하여 봉환하기로 합의한 것을 계기로 하여, 1971년부터 2005년까지 10차례에 걸친 외교 경로를 통해 약 1300위의 유골이 한국으로 이송되었다. 다만 이때 한국 정부는 유골 봉환과 안치 과정에 적극 관여하지 않았고 유족과 민간단체에 유골을 인도하는 서비스만을 담당했다.

국가적 차원의 유골봉환사업이 이루어진 것은 위원회가 발족된 직후

2004년 12월 이부스키(指宿)에서 열린 노무현 대통령과 고이즈미 준이치로 수상의 정상회담, 그리고 양국 외무장관 회담에서 한국 측이 이 문제를 적극 제기하고 일본 측의 협조를 요청하면서부터다. 그 후 수차례에 걸친 양국 간 실무급 담당자 회의와 유족 회의를 거쳐 유골 봉환에 관한 다각적인 준비가 이루어진 가운데, 2007년 11월 싱가포르에서 열린 회담에서 한일 양국 정상은 제1차 유골 봉환 실시를 선언하기에 이르렀다.

유텐지의 한국인 유골은 과거 전쟁 중 사망한 군인 군속 희생자와 1945년 8월 귀환 과정에서 우키시마호(浮島丸) 침몰 사고로 숨진 희생자들의 것이다. 이 가운데 이번 제3차로 봉환된 유골 44위는 대부분 동남아시아와 남태평양에서 전사한 군인 군속의 것이다. 44위 가운데 1위는 재일동포 유족의 품으로, 그리고 3위는 한국으로 건너와 유족의 품으로 돌아갔고, 나머지 40위는 망향의 동산 납골당에 안치되었다. 아직도 유텐지에는 남한 출신 희생자 유골이 500위 정도 남아 있고 일본 전국의 사찰과 납골당에도 3000위 이상의 유골이 남아 있다. 뿐만 아니라 중국 하이난 섬(海南島)의 조선인촌 유골, 미얀마 한인부대 유골, 시베리아와 사할린에 억류되어 희생당한 유골 등 수많은 남한 출신의 전쟁 희생자 유골들이 유족에게 돌아가기를 기다리고 있다.

2009년 7월 9일 천안 '망향의 동산'에는 추도식 내내 유난히 심한 폭우가 쏟아졌다. 전날 도쿄 유텐지에서 추도식을 마치고 유골과 함께 귀국하여 한국에서 추도식을 주관한 위원회 김용봉 위원장은 추도사에서 "우리 모두가 엄숙하게 한 송이 국화꽃을 바치는 데 참으로 오랜 세월이 걸렸다. 후손들이 못나고 부덕했기 때문이다"라고 했다. 그리고 그는 이들의 희생이 헛되지 않도록 철저한 진상규명과 함께 성찰의 계기로 삼겠다는 다짐을 했다. 유족을 대표하여 추도사를 읽은 정동희 할머니는 중국 전선에서 목숨을 잃은

| 2008년 1월
유텐지에서 열린
유골 봉환 추도식

| 2009년 7월
망향의 동산에서 열린
유골 봉환 추도식

| 주한 일본대사의
추도문 낭독

오빠의 젊은 시절의 모습을 그리워하며 안타까운 죽음을 애도하면서 오열했다.

이 자리에는 주한 일본국 대사 시게이에 도시노리(重家俊範)도 참석했다. 그는 일본 정부를 대신하여 일본이 "과거 한때 한국 국민에 대해 식민지 지배에 의해 다대한 손해와 고통을 끼쳤다고 하는 역사적 사실을 겸허하게 받아들이고 이에 대해 통절한 반성과 진심 어린 사죄의 마음을 가지고 있다는 것을 이번 기회에 거듭 전하고 싶다"고 하는 내용의 추도문을 낭독했다. 그리고 그는 과거를 직시하고 한일 양국이 상호 이해와 신뢰에 기초한 관계를 한층 발전시켜 나가기 위해 자신이 할 수 있는 한 힘을 쏟겠다고 하는 뜻을 밝히기도 했다.[7]

세 차례에 걸쳐 한국에 들어온 유골은 모두 군인 군속에 한정되어 있다. 따라서 위원회는 이들 유골의 봉환 사업을 추진하면서도 다른 한편으로 징용 노무자의 유골을 조사해 왔다. 2005년부터 조사단을 편성하여 일본에 가서 직접 조사 발굴하기도 했으며 일본 정부에 요청하여 일본 각지에 있는 기업이나 종교단체, 지방자치단체 등에 대해 한국인 유골에 관한 정보를 제공하도록 하기도 했다. 2010년 1월 초 위원회는 5년간에 걸친 노무자 유골 조사 결과 일본 전역 310곳에 산재해 있는 유골 2601위를 확인했다고 하는 보도 자료를 냈다. 마침 해당 위원회 업무가 2010년 3월 하순에 끝나기로 되어 있어, 노무자 유골의 한국 이송을 위한 사업이 어떤 조직에 의해 계승이 될지 불투명한 가운데 2010년을 맞게 되었다.[8]

7 일제강점하강제동원피해진상규명위원회, 『일제강점하강제동원희생자 유골봉환백서』 (2009), 267쪽.
8 「국민일보」 2010년 1월 11일.

_5_
한국의 재외국민 선거권 문제

2008년 가을에는 한국에서 유독 해외동포와 관련된 행사가 많이 개최되었다. 2007년에 이어 재외동포재단이 주관하는 '세계한인정치인포럼'이 9월 29일 개최되었으며 외교통상부가 주최하는 행사로 '재외동포정책 세미나'를 비롯하여 10월 1일부터 7일까지 각종 기념 이벤트가 서울에서 펼쳐졌다. 특히 외교통상부는 10월 2일 국내외 1000여 명의 인사들을 초청한 가운데 제2회 '세계한인의 날' 기념식을 열었다. 10월 말에는 부산에서 한상대회가 열리기도 했다. 그런데 이때 해외동포 행사에서 가장 화제가 되었던 것은 재외국민의 투표권 행사 문제였다. 재외동포재단 포럼이나 외교통상부 세미나에서 공통적으로 재외국민의 참정권이 강조되었으며 '세계한인의 날' 기념식에서도 한승수 국무총리가 치사를 통해 "재외국민의 법제화에 최대한 관심을 기울이겠다"고 밝혔다. 그리고 10월 1일부터 4일까지 열린 세계한인회장 대회에서도 재일동포를 비롯한 재외국민의 본국 참정권의 조속한 실현을 촉구하는 결의안이 발표되었다.

한국 정부는 2008년 10월 7일 국무회의에서 주민등록이 되어 있지 않은 재외국민들에게까지 주민투표권을 인정하는 '주민투표법' 개정안을 의결했다. 개정안 내용의 골자는 주민투표권자의 연령을 종전 20세에서 19세로 낮추는 것과 국내에 거소신고를 하고 장기 거주하는 해외 영주권자, 상사주재원 등 재외국민에게도 투표권을 인정하기로 한 것이다. 주민투표 제도는 국정 선거나 지방 선거와는 달리 지방자치단체의 통폐합이나 구역 변경, 방사능 폐기물 처리장 유치와 같은 지역의 중대한 현안 문제에 관하여 해당 지역 주민들의 찬반 의견을 묻는 투표 제도다. 정부는 2008년 8월 현재 국내

| 2007년 미국 뉴저지 거주
한국인의 본국 참정권 캠페인

거소신고를 한 재외국민이 총 6만 2000명 정도 되는 것으로 파악했다.

나아가 재외국민의 국정선거 투표권 부여 문제도 중앙선거관리위원회와 국회에서 활발하게 진행되었다. 2007년 6월 헌법재판소가 현행 선거법이 투표권 부여에 있어서 주민등록을 필요 요건으로 함으로써 재외국민의 참정권을 제한하고 있는 것에 대해 헌법 불합치 결정을 내렸고 2008년 말까지 선거법을 개정하도록 판시한 바 있다. 이에 선관위는 2008년 10월 6일 재외국민에게 투표권을 부여하겠다는 방침을 확정하고 2008년 정기국회 중 늦어도 10월 말까지 개정 법안을 제출하겠다고 밝혔다. 여야당은 재외국민의 투표권을 허용해야 한다는 방향에 대해서는 모두 찬성하는 입장이었지만 투표 시기와 범위에 대해서는 의견을 달리했다.

우선 여당 한나라당은 재외국민 투표권 부여에 적극적인 자세를 보였다. 이미 재외국민 투표를 보장하는 내용의 선거법 개정안을 의원 입법 형태로 발의한 데 이어 토론회 등을 열어 의견 수렴에 나섰다. 또한 재외국민 투표권 부여 문제와 국회 개혁 등 정치적 현안을 논의할 정치개혁 특위 구성을 민주당에 제안해 놓기도 했다. 반면에 민주당은 재외국민 투표권 문제에 대해 상대적으로 소극적인 태도를 보였다. 다만 헌법재판소 결정에 따라

| 2008년 외교통상부 주최 재외동포정책 세미나와
2008년 10월 중앙선관위가 제출한 국민투표법 개정의견

2008년 말까지 선거법을 개정해야 하는 만큼 선관위의 개정안이 국회에 제출되면 구체적 논의에 나서겠다는 입장을 보였다. 민주당은 보다 더 중요한 정치 개혁 문제로서 지방행정 체제개혁을 강력하게 주장하면서 한나라당을 압박했다.

또한 재외국민 투표 시기와 범위에 대해, 한나라당은 2012년 국회의원 선거부터 재외국민들이 투표에 참여할 수 있도록 해야 한다고 주장했다. 반면에 재외국민의 대다수가 보수 성향의 유권자일 것으로 본 민주당은 가능한 충분한 준비를 거친 후 실시할 것과 해외 영주권자는 투표권자 범위에서 제외시킬 것을 희망했다. 한나라당 내부에서도 국내 국민들 다수의 정서를 고려하여 해외 영주권자에 대해서는 신중한 입장을 취하자는 의견이 나왔다. 2008년 10월 9일 한나라당 홍준표 의원이 국방위원회 국정감사에서 "영주권을 가진 재외국민도 병역의무를 이행해야 한다"고 밝힌 것은 이와 같은 맥락에서 나온 것으로 보인다. 아무튼 2008년 말 시점이 되자 조만간 선거법 개정안이 국회에서 처리될 것이 확실시되었다. 뒤늦게나마 참정권의 사각지대에 있던 재외국민들이 국민의 기본권을 향유할 수 있게 된 것이다.

_6_
한국의 재외국민 선거법 개정

2009년 1월 29일 국회 정치개혁특위 제2차 법안심사소위원회는 오는 2012년부터 재외국민에게 투표권을 허용하는 것을 골자로 하는 공직선거법, 국민투표법 개정안을 통과시켰다. 그리고 관련법 개정안이 같은 해 2월에 열린 본 회의를 거쳐 확정되었다. 앞서 살펴본 대로 2007년 6월 헌법재판소가 현행 공직선거법과 주민투표법을 2008년 12월 31일까지 개정하도록 판시함에 따라 관련 공직선거법 조항들을 개정하지 않고서는 당장 오는 4월의 국회의원 재보궐선거를 치르기 곤란한 상황에 직면해 있었다. 이런 가운데 지난 연말연시 국회가 파행과 혼란을 겪으면서 수많은 법안과 함께 공직선거법 개정안도 심의가 미루어졌으며 뒤늦게 서둘러 입법부가 헌법재판소의 판시 사항을 이행하게 된 것이다.

관련법 개정안이 정치개혁특위에 상정되기 전부터 한나라당과 민주당은 재외국민의 선거권을 어느 정도 범위까지 부여할 것인가를 둘러싸고 서로 이견을 보이는 듯 했다. 한나라당은 19세 이상의 재외국민 모두에게 선거권을 부여해야 한다는 '관대한' 입장을 내비쳤다. 재외국민 대부분이 대체로 보수 성향이 강할 것으로 보고 선거권을 폭넓게 부여할 경우 한나라당에 유리할 것으로 판단한 측면이 없지 않다. 반면에 민주당은 먼저 유학생, 상사주재원, 공관원 등 일시 체류자만을 대상으로 하여 선거권을 부여하자는 '신중한' 입장을 내비쳤다. 재외국민 유권자가 줄어드는 대신 연령층이 상대적으로 젊어지기 때문에 단기적으로 야당에 불리하지 않을 것이라는 계산이 있었던 것으로 보인다.

그러나 2009년 1월 22일에 열린 정치개혁특위 제1차 법안심사소위원

| 재외국민참정권 법안통과 축하 리셉션

회는 결과적으로 한나라당의 의견대로 영주권자를 포함하여 재외국민 모두에게 전면적으로 선거권을 부여하기로 하는 내용을 결정했다. 종래 일시 체류자에 대한 부재자 투표도 허용하지 않던 상황에서 이번에는 국내에 주민등록이 되어 있지 않은 영주권자에게까지 한꺼번에 본국 참정권을 부여하기로 한 것은 매우 '전향적'인 결정이 아닐 수 없다. 물론 이러한 '전향적' 결정은 입법부가 정당의 당리당략을 수면 아래 잠재우고 2007년 헌법재판소의 판시를 적극적으로 이행하는 데 합의함으로써 이루어진 것으로 보인다. 헌법재판소는 "대통령 및 국회의원 선거권, 지방선거 참여권, 국민투표권을 행사할 수 있는 요건으로 주민등록이 되어 있을 것을 규정한 공직선거법은 재외국민의 참정권을 침해하여 위헌"이라고 했으며, "주민등록을 할 수 없는 재외국민 또는 국외거주자가 투표권을 행사할 수 없도록 한 것은 기본권을 침해하는 것"이라고 밝힌 바 있다. 또한 민주당이 영주권자에 대한 점진적인 참정권 부여 방안 등과 같은 적극적이고 유연한 논리를 개진하지 못하고 '신중한' 입장을 고수하지 못한 것도 '전향적' 결정의 중요한 요인이 되었다고 할 수 있다.

| 2009년 3월 LA에서 열린 재외국민 참정권 토론회

　　선거법 개정을 앞두고 외교통상부는 재외 한국국민 인구를 단기체류자 155만 명, 영주권자 145만 명, 도합 300만 명으로 추산했다. 이 가운데 255만 명(85%)가량이 19세 이상의 유권자에 해당하는 것으로 보았으며, 이 중에서 230만 명 정도가 유권자 등록을 할 것으로 내다보았다. 재외국민 가운데는 미주 지역과 일본에 거주하는 사람들이 태반을 차지하고 있다. 미주 지역의 재외국민 유권자만 해도 80만 명이 될 것으로 보았다. 지난 1997년의 15대 대통령 선거에서 39만 표 차이로, 2002년 제16대 선거에서 57만 표 차이로 당락이 결정되었던 것을 감안하면 미주 지역의 유권자 표에 따라 대권의 향방이 결정될 수도 있다는 이야기다. 재외국민 선거권 부여를 앞두고 이미 정치권에서 미국을 중심으로 해외교민 끌어안기에 적극적인 행보를 보이기 시작했다. 이제까지 외교통상부의 소극적인 해외교민 정책에 불만을 품고 있던 교민사회가 앞으로 선거권을 무기로 하여 정부 안에 관련 업무를 위한 독립 부서의 신설 등을 포함하여 한국 정부에 대해 발언권을 높여갈 것이 충분히 예상된다.

　　재외국민의 참정권 문제는 국내외 국민 뿐 아니라 외국 국적으로 가진

재외동포, 국내에 거주하는 외국인 문제와도 연관성이 있는 데다가 종국적
으로 대한민국의 정체성의 변화를 가져오는 문제로써 다각적이고 심도 있
는 법률적 정책적 고려가 필요한 것이었다. 이렇듯 중대한 사안임에도 공청
회 등을 통하여 충분한 의견 수렴을 거치지 않은 채 단 두 차례의 법안심사소
위원회 회의를 통해 개정안을 통과시킨 것을 볼 때, 아무래도 입법부가 이
문제를 졸속으로 처리했다고 하는 느낌을 지울 수가 없다.

　게다가 두 차례의 소위원회 회의에서 심도 있는 논의가 진행된 것 같지
도 않다. 첫 번째 회의에서 하루 만에 모든 내용을 심의했으며 두 번째 회의에
서는 재외국민의 선거운동 제한 방안이나, 선거사범 처벌의 유효성 확보
방안, 재외국민 확인 절차 등 선거 행정에 관한 보고를 듣는 것으로 그친
듯하다. 첫 번째 회의에서 국외 일시 체류자에게 부재자 투표에 준해서 지역
구 국회의원 선거권을 부여하는 것을 별도로 논의하기로 하기로 했던 것을
두 번째 회의에서 지역구 선거권을 대상에서 일체 제외하기로 한 것이 그나
마 성과라면 성과라고 할 수 있을 정도였다.

　선거법 개정안의 주요 내용은 다음과 같다. ① 재외국민 선거권의 대상
선거를 대통령 선거(재선거, 궐위선거 포함)와, 비례대표 국회의원 선거로
한다. ② 재외국민 투표권을 19세 이상의 대한민국 국적을 가진 영주권자에
게도 전면 허용하고 이중국적자는 국적 상실 시기[9]를 기준으로 한다. ③
재외국민 선거인 등록처로서 재외공관장을 경유하여 중앙선관위에 등록
신청하도록 한다. ④ 재외국민 선거인 등록 신청기간을 선거일로부터 150
일 전부터 60일 전까지로 하며 30일 전까지 명부를 확정한다. ⑤ 투표용지
발송 방법으로 중앙선관위가 직접 신고인에게 발송하며 파병 군인은 국방

---

9 여성은 22세, 남성은 18세 또는 병역의무를 마친 후 2년 이내.

부장관이 발송한다. ⑥ 투표방법으로서 선상 투표는 허용하지 않고 재외공
관에 설치된 투표소에서 투표함을 원칙으로 하되, 법률로 정하는 불가피한
경우에는 대체 투표소를 설치할 수 있도록 한다.

노무현 전 대통령의 죽음과 한일관계

2009년 5월 23일 갑작스런 노무현 전 대통령의 비극적 죽음 소식이 한국의 정치권과 사회에 커다란 충격을 던졌다. 각종 언론 매체를 통해 생전의 '서민적 대통령'으로서의 이미지가 부각되면서 전국적으로 추도 열기가 고조되었으며 수많은 인파 속에서 29일 국민장이 엄숙하게 치러졌다.

그런데 노 전 대통령의 죽음에 대해서 일본의 정치권도 적지 않은 반응을 보였다. 2003년 2월 이후 5년간에 걸친 참여정부 시기에 한일 양국의 외교관계는 굴곡이 매우 심했던 만큼 일본의 정치가들 가운데 노무현 전 대통령을 각별하게 기억하는 사람들이 많았을 것으로 생각된다. 역대 한국의 대통령 가운데 과거사 문제와 대북 문제에서 가장 선명하고 강직하게 일본 정부에 대해 한국 측 입장을 제시했던 대통령이었기 때문이다. 일본의 많은 정치가들이 비록 과거에는 정부 입장에 따른 태도나 개인적인 정치적 신념이 같지 않아서 맡고 있는 직책상 상대방에게 불편한 심기를 보인 일이 있었다고 해도 이제 고인(故人)이 된 상대방을 숙연하게 추모하는 모습을 보인 것은 인간의 보편적 가치에 입각한 자연스러운 행태를 나타내는 또 다른 차원의 정치 행위였다고 할 수 있다.

5월 23일 아소 다로(麻生太郎) 수상은 홋카이도(北海道)에서 태평양 제도 국가 정상과의 회의를 마치고 가진 기자회견 가운데, 한국으로부터 전해진 비보에 대해 "매우 놀라고 있다"는 말로 커다란 관심을 표명했다. 노 전 대통령은 자신이 외무상 시절에 대화를 나눈 상대이기도 했다는 것을 들어 서로 인연이 깊은 사이임을 전제하고 "진심으로 애도를 표함과 동시에 명복을 빈다"고 말했다. 이날 아베 신조(安倍晋三) 전 수상도 기자들의 질문

| 경복궁에서 열린 노무현 전 대통령 영결식

에 대해 "몇 번인가 정상회담을 했는데 교섭 상대로서 어려웠지만 나라를 생각하는 마음은 강렬했다고 생각한다. 명복을 빈다"고 말했다.

아소 수상은 2005년 10월부터 2007년 8월까지 외무상을 역임하면서 2005년 11월 고이즈미 준이치로 수상의 부산 APEC회의와 그해 12월의 쿠알라룸푸르 ASEAN+3정상회의, 2007년 1월 아베 수상의 필리핀 세부 한중일 3국 정상회담 등에서 노 전 대통령을 가까이 지켜본 일이 있다. 그는 당시 외상의 직책에 있었음에도 고이즈미 수상의 야스쿠니 참배를 공공연하게 옹호하고 심지어 사석에서 천황(天皇)의 야스쿠니 참배에 관한 발언을 하기도 하여 한일관계를 악화시킨 인물이다. 그를 비롯한 일본 외교 당국의 경솔한 언행이 주변국에게는 역사인식을 무시하는 행위로 비춰졌고 급기야는 2006년 4월 한국 대통령이 '한일관계에 대한 특별담화문'을 발표하는 배경을 만들기도 했다.

5월 26일 아소 수상은 분주한 일정 가운데 도쿄(東京) 한국대사관에 마련된 노 전 대통령 분향소를 찾았다. 그는 방명록에 '일본국 내각총리대신

아소다로'라고 서명한 뒤, 노 전 대통령의 영전에 헌화하고 명복을 비는 모습을 보였다. 그는 이어 분향소를 지키고 있던 권철현 주일대사를 위로했으며 조문에 감사하는 인사를 듣고 "천만의 말씀입니다. 외상 때 만나 뵌 적이 있습니다. 당연히 와야 하지요"라고 말했다고 한다. 이날 일본 정계에서 제1야당인 민주당의 하토야마 유키오(鳩山由紀夫) 대표도 분향소를 찾았으며, 자민당의 이마즈 히로시(今津寬) 중의원 의원, 모리 요시로(森喜朗) 전 수상 등도 조문한 것으로 알려지고 있다.

이에 앞서 25일에는 나카소네 야스히로(中曽根康弘) 전 수상과 고이즈미 준이치로 전 수상도 한국대사관 분향소에 조문했다. 고이즈미는 그의 수상 재임 기간 동안 매년 한 차례도 거르지 않은 야스쿠니 참배로 한국 정부를 곤혹스럽게 했던 장본인이다. 2006년 8월 15일 아침 고이즈미 수상이 재임시 마지막으로 야스쿠니에 참배했을 때, 한국 정부는 "국제사회의 거듭된 우려와 반대에도 불구하고 국수주의적 자세에서 야스쿠니신사를 참배함으로써 한일관계를 경색시키고 동북아 역내 우호협력 관계를 훼손했다"고

| 영결식에 참석한 후쿠다 야스오 전 수상

비판했다. 또한 그날 노무현 대통령은 광복절 기념사를 통해 "일본은 헌법을 개정하기 전에 먼저 해야 할 일이 있다. 과거에 대해 진심으로 반성하고 여러 차례의 사과를 뒷받침 하는 실천으로 다시는 과거와 같은 일을 반복할 의사가 없음을 분명하게 증명해야 한다. 독도, 역사 교과서, 야스쿠니신사 참배, 그리고 일본군위안부 문제의 해결을 위한 실질적인 조치가 그것이다"라고 일본을 성토했었다. 고이즈미는 이번 조문에서 아무런 말을 남기지 않았다.

한편 5월 29일 오전 서울 경복궁 앞뜰에서 거행된 노무현 전 대통령 국민장 영결식에는 주한 외국대사 이외에 외국에서 조문을 위해 특별히 파견된 사절로서 미국, 우즈베키스탄과 함께 일본의 대표가 자리를 함께 했다. 한국 정부가 장례식을 국민장으로 하기로 결정함에 따라 일본 정부는 국민장 이틀 전인 27일에 후쿠다 야스오 전 수상을 수석대표로 하는 3명의 조문사절단을 한국에 파견하기로 결정했다. 가와무라 다케오(河村建夫) 관방장관은 27일 오후 기자회견을 통해 이와 같은 일본 정부의 방침을 밝혔다. 국민장 영결식장에서 조문 외교사절단은 고인의 유족, 이명박 대통령 내외, 김영삼·김대중 전 대통령, 주요 정당 대표 등 고위관계자, 한명숙·한승수 장의위원회 공동위원장에 이어 제단에 올라가 국화꽃을 헌화하고 묵념했다.

후쿠다 야스오는 고이즈미, 아베에 이어 2007년 9월에 수상이 되었지만 역사인식 문제에 관하여 앞의 정권과는 달리 대단히 신중하고 사려 깊은 행보를 보였다. 과거 관방장관 시절 때부터 그가 주변국에 보여준 우호적인 언행을 통해 한국의 참여정부는 경색된 한일관계에 회복의 전기(轉機)를 마련해 줄 것으로 기대했고 그는 무난하게 이에 부응했다. 후쿠다 내각이 결성된 지 한 달 후 야스쿠니신사의 가을 대제(大祭)에 맞추어 보수파 의원들이 집단적으로 참배를 하는 가운데에도 후쿠다 내각 각료 중에서는 한 명도 참배에 가담하지 않았다. 이것은 한국과 중국과의 외교관계에서 일본 내각이 신뢰를 회복하는 데 중요한 역할을 담당했다. 따라서 이번에 조문사절 대표로 후쿠다 야스오 전 수상이 결정된 것은 매우 합당한 결정이었다고 평가할 수 있다.

생전의 노무현 대통령과 후쿠다 전 수상이 국가정상으로서 처음 만난 것은 2007년 11월 ASEAN 관련 정상회담을 위해 싱가포르를 방문했을 때의 일이다. 그때 한중일 3국 정상 모임 후 한일 양국 정상은 따로 만나 회담을 가졌다. 이 자리에서 후쿠다 수상은 한일 양국이 거리상 역사적으로 가장 가까운 관계에 있으며 미래지향적인 관계를 더욱 발전시키기 위해 노력하겠다는 의지를 밝혔다. 이에 대해 노 대통령은 한국 국민들이 후쿠다 수상에게 큰 기대를 하고 있다고 전했다. 이때 구체적인 외교 협력사항으로 일본 측이 도쿄 유텐지(祐天寺)에 보관되어 있는 한반도 출신 군인 군속 유골 100구를 2008년 1월까지 유족들에게 송환하겠다고 약속했다. 이 약속은 1차 유골 101구가 예정 기간에 한국으로 송환됨으로써 이루어졌다.

후쿠다 전 수상은 5월 23일 일본 인도네시아협회 회장으로서 인도네시아를 방문하고 있었다. 그는 노 전 대통령 사망의 비보를 전해 듣고 기자와의 인터뷰에서 "정말 놀랐다. 유족 여러분께 조의를 표하고 싶다"고 했다. 그리고 그는 지난 2007년의 동아시아 3국 정상 만찬 자리에서 당시 노 대통령이 "자신이 해 보려고 생각하고 있었는데 잘 되지 않았다"고 하며 한 순간 얼굴 표정을 어둡게 한 일이 인상에 남는다고 하며 노 전 대통령을 회상했다고 한다. 얼굴 표정을 통해 감정을 쉽게 표현하던 대통령이 무슨 일로 일본 수상 에게 '어두운 표정'을 보였는지 분명히 알 수 없다. 추측하건데, 아마도 3국 정상회의가 열리기 전 달인 2007년 10월에 북한을 다녀오면서 '납치'와 핵 문제로 김정일 위원장에게 일본 측 입장을 전달해 달라고 한 후쿠다 수상의 요청을 제대로 수행하지 못한 '미안함' 때문이 아니었을까.

_8_
김대중 전 대통령의 죽음과 한일관계

2009년 8월 18일 김대중 전 대통령이 폐렴으로 인한 다발성 장기 손상과 호흡 곤란 증후군으로 85년 인생을 마감했다. 7월 중순부터 치료를 위해 세브란스병원에 입원했으나 결국 병마를 이기지 못했다. 그는 60년대부터 한국의 민주화 운동에 중심에 서서 군부 독재정권에 저항했고 1973년에는 일본 도쿄에서 납치되었다가 구사일생으로 목숨을 건지기도 했으며 1980년 5월 광주사태의 주모자로 지목되어 내란음모죄로 사형판결을 받는 등 파란만장한 정치 인생을 겪어왔다. 천신만고 끝에 그는 1997년 제15대 대통령에 당선됨으로써 4번째 도전의 꿈을 결국 성취해냈다.

1998년 2월부터 5년간 대통령에 재임하면서 그는 '햇볕정책'으로 일컬어지는 대북 포용정책을 실시하여 금강산 관광과 남북 사업을 추진했다. 그는 남북 정상회담을 성사시키기도 했으면 노벨평화상을 받기도 하면서 한반도의 평화와 민주화 역사에 큰 발자취를 남겼다. 그뿐 아니라 그는 재임 중에 일본과의 외교관계 개선에도 주력했다. 대통령 취임 후 처음으로 1998년 10월 일본을 방문하여 당시 오부치 게이조(小淵惠三) 수상과 "한일 파트너십 선언"을 채택함으로써 지난날의 역사에 기초하면서 미래를 중시하지고 하는 새로운 한일관계의 토대를 구축했다. 이하, 김대중 정부 시절의 대일 외교를 회고하면서 고인의 업적을 기리고자 한다.

김영삼 정부 말기인 1997년 10월에 보유 외화가 바닥이 나면서 표면화된 경제위기의 해결 과제가 김대중 대통령 당선자에게 넘겨졌고 이것은 새롭게 출범하는 정부에게 가장 큰 정책적 부담이 되었다. 새 정부는 IMF에 긴급금융지원을 요청했으며 교섭 결과 IMF로부터의 210억 달러를 포함하

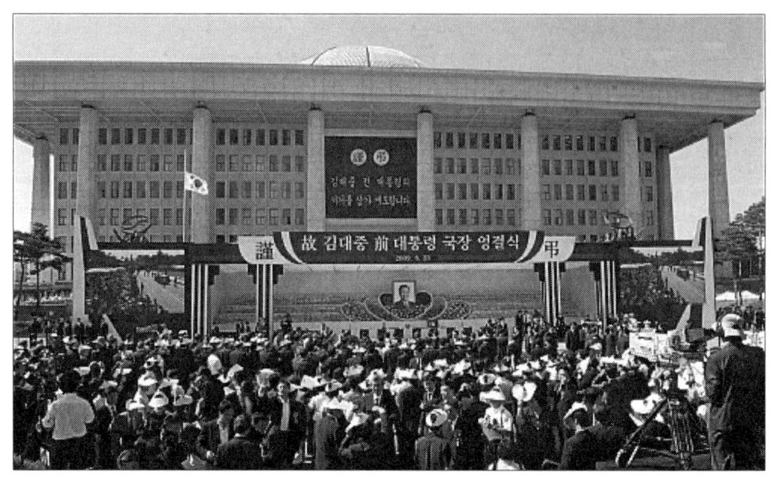

| 국회의사당에서 열린 김대중 전 대통령 영결식

여 IBRD, ADB, 미국, 일본 등으로부터 총 583억 달러에 이르는 금융지원을 받게 되었다. 당면한 금융위기 극복을 위해 IMF의 권고 프로그램에 순응하는 길을 선택한 한국 정부는 일본과의 외교관계에서 전에 없이 유연한 정책을 전개했다. 1998년 4월 런던 ASEM회의 이후 몇 차례에 걸친 한일정상회의에서 김대중 대통령은 일본 문화의 점진적인 수입 개방을 약속하는 등 유화적인 태도를 보였으며 이에 맞추어 일본 측도 한국의 경제위기에 대한 협력적인 태도를 보였다.

한편 김대중 정부는 출범 시기부터 새로운 어업협정을 체결해야 하는 과제도 떠맡게 되었다. 1998년 3월에 오부치 당시 외상이 서울을 방문했을 때 양국은 새로운 어업협정 타결을 위한 교섭을 재개하자는 데 합의했고 이어 그 해 4월 말부터 7차례에 걸쳐 어업 실무자 간 회의를 열었으며 대통령의 일본 방문을 일주일 앞두고 9월 하순에 이르러 최종 타결을 보았다. 다만 실무협상에서 한국 측은 제대로 준비를 하지 않은 상태로 임했으며 해양수산부와 외교통상부가 상호 보조를 맞추지 않았다는 것이 나중에 밝혀졌다.

금융위기 대처를 위해 지나치게 일본과의 원만한 관계를 의식한 나머지 어업협정 타결에 성급하게 합의했다는 평가도 있다. 해양수산부는 이듬해 1999년 2월 실무협상 결과에서 누락된 것에 대한 재협상을 일본 측에 요구하는 허점을 보인 가운데 실무협상을 매듭지었다. 이윽고 3월 오부치 수상이 한국을 방문하여 정상회담을 가진 후 발표한 공동성명에서 "새로운 어업협정이 발효되어 양국 간에 200해리 시대에 걸 맞는 새로운 어업질서가 구축되었다"라고 하여 어업협정 문제가 한일 간에 외교적으로 평정되었음을 선언했다.

그런데 김대중 정부 시기에도 한일관계가 모두 양호한 것만은 아니었다. 2001년 4월에 들어 일본 정부가 문제 많은 '새로운 역사교과서' 검정본을 통과시키면서 양국 간 외교관계가 주춤하기 시작했다. 한국 정부는 즉각 외교통상부 대변인 성명과 주일 대사 소환 등을 통해 유감의 뜻을 나타냈다. 또한 같은 해 7월 초에 한국 측의 교과서 수정 요구를 일본이 거부한 것이 알려지면서 한국의 비판 여론은 다시 비등했다. 한국 정부는 추가 일본 문화 개방 중단 등 가능한 모든 방법을 동원해 단계별로 대응하기로 하고 이와 같은 방침의 일환으로 일본이 제시한 교류사업 확충을 포함한 '한일 신세기 교류 프로젝트' 제안을 거부했으며, 11월경으로 예정된 일본어 음반과 비디오, 오락TV방송 등의 한국 진출을 허용하는 제4차 문화개방 일정을 무기연기할 것이라고 발표하기도 했다. 아울러 정부는 공식문서에 '천황' 표기를 '일왕'으로 전환하기로 했고, 일본의 유엔 안전보장이사회 상임이사국 진출에 반대하는 의견을 내기로 하는 등 강경한 입장을 밝혔다.

또한 2001년 4월에 고이즈미 준이치로가 자민당 총재로 선출되는 과정에서 야스쿠니를 공식 참배하겠다는 소신을 밝히면서 한일관계에 또 다른 파문을 던지기 시작했다. 그해 5월에는 8월 15일에 참배하겠다고 밝혔다.

| 영결식에 참석한 고노 전 중의원 의장

이에 대해 한국 정부는 곧바로 우려의 입장을 일본 정부에 공식 전달했다. 외교통상부 아주국장은 주한 일본대사관 수석공사를 불러 우리 정부의 입장을 전달하면서 "신중히 이 문제를 다뤄 달라"고 요청했다. 결과적으로 고이즈미는 애초의 공약과는 달리 8월 13일로 앞당겨 참배를 실시했다. 이에 대하여 한국 정부는 즉시 외교통상부 대변인의 비판 성명을 통해 "우리의 거듭된 우려 표명 등에도 불구하고 근대 일본 군국주의의 상징인 야스쿠니를 참배한 데 대해 깊은 유감을 표한다"고 밝혔으며, "일본 수상이 세계 평화를 파괴하고 인근 국가에 대해 형언할 수 없는 피해를 끼친 전쟁범죄자들에 대해서까지 참배한 사실에 우려를 표하지 않을 수 없다"고 말했다.

전반적으로 김대중 정부의 대일외교를 평가하면, 새로운 어업협정과 역사인식 문제를 둘러싸고 갈등이 발생하기는 했지만 대체로 교류와 우호를 중시하는 협조적인 외교였다고 할 수 있다. 이를 상징하는 것으로 '한일 파트너십 선언'을 들 수 있으며 이것은 김대중 정부에 의한 대일외교의 기본 방침이 되었다. 공동선언에서 양국 정상은 정부 간 교류뿐 아니라 양국 국민

간의 깊은 상호 이해와 다양한 교류를 증진시키자는 데 의견의 일치를 보았고, 2002년 월드컵의 성공을 위한 양국 국민의 협력을 지원하고, 2002년 월드컵 개최를 계기로 문화와 스포츠 교류를 더욱 활발히 추진하자고 했다. 또한 양국 정상은 연구원, 교사, 언론인, 시민단체 등 다양한 계층의 국민 및 지역 간 교류의 진전을 촉진하기로 하고, 이러한 교류촉진을 위해 비자제도의 간소화 등을 계속 추진해 가기로 했다. 이러한 대일외교의 기본 방침은 그 후 역대 정부에서도 계승되고 있다.

김 전 대통령의 장례는 고인이 남긴 민주화 및 남북 화해 업적을 고려하여 전직 대통령으로는 처음으로 국장으로 치러졌다. 국장 기간 북한의 김정일 국방위원장이 고위급으로 구성된 조문단을 파견하기도 했다. 2009년 8월 23일 국회의사당 앞마당에서 거행된 영결식에는 11개국에서 온 조문사절단이 참석했는데 이 가운데 일본을 대표하여 고노 요헤이(河野洋平) 전 중의원 의장이 조문했다. 그 후 11월 13일에는 도쿄 아사히신문사 신관에서, 이튿날 14일에는 오사카 재일대한기독교 오사카교회에서 이희호 여사가 참석한 가운데 각각 고 김대중 전 대통령을 추모하는 모임이 열렸다.

9

현행 한국 초등학교 교과서에 나타난 일본

필자는 2009년 현재 초등학교에서 사용되고 있는 전 학년 교과서에 일본이 어떻게 묘사되고 있는지 살펴보았다. 그 결과 기초 학년 교과서에서는 '일본'과 관련된 단어가 나오지 않고 있으며, 3학년 2학기 교과서에 비로소 등장하는 것을 발견했다. 이때 교과서에 등장하는 일본은 적극적인 설명의 대상이 아니라 한국의 역사적인 인물과 사건을 소개하는 데 곁들여 나오는 악역(惡役) 상대다. 특히 3학년 2학기 도덕 교과서는 민족교육을 중시하는 교육정책에 따라 일본이 침략과 억압을 상징하는 국가로서 묘사되고 있음을 알 수 있다. 이것은 초등학교 교육 현장에서 예외 없이 반일(反日)의 관점에서 일본에 관한 교육을 시작하고 있다는 것을 잘 보여주는 사례라고 할 수 있다.

이와 함께 도덕 과목 수업을 위한 보조 교과서로 발행되고 있는 『생활의 길잡이』도 곽재우 장군의 전기(傳記)를 서술하는 가운데 왜군의 침략을 언급하고 있다. 이렇게 볼 때, 3학년 도덕 교과서는 한국의 공교육에서 민족운동, 즉 반일운동의 역사를 가르치기 시작하는 첨병의 역할을 담당하고 있다고 할 수 있다. 이러한 3학년 교육의 특성을 반영해서 그런지, 사회 과목 교과서에서 「우리나라 철도교통의 발달」을 언급하는 가운데 역사적 과정을 소개하고 있으면서도 근대 문물 통로로서의 '일본'을 전혀 언급하고 있지 않다.

3학년 교과서에서 전반적으로 일본이 부정적인 이미지로 묘사된 것에 반해, 4학년 이상의 교과서에는 역사상 침략국으로서의 이미지와 함께 오늘날에 와서 한국과 경쟁하고 교류하는 경쟁국으로서의 이미지가 나타나 있

다. 적어도 4학년 교과서에 한정하여 보면,
여전히 학습자에게 일본에 대해 부정적인
이미지를 상대적으로 강렬하게 전달하면
서 부분적으로 경쟁과 교류의 이미지를 전
달하고 있는 것으로 평가할 수 있다. 4학년
의 부정적인 일본 이미지는 무엇보다도 초
등학교 교과 운영에서 가장 중요시되는 과
목인 국어 교과서가 이러한 서술로부터 시
작하고 있다는 점을 들 수 있다. 4학년 1학

| 초등학교 사회과부도 교과서

기 국어 읽기 교과서는 「새로운 시작을 위하여」에서 유관순의 항일 운동을
언급하면서 강도 있게 일본제국의 침략성과 억압성을 부각하고 있다.

　이러한 일본의 침략적 이미지는 4학년 2학기 국어 읽기 교과서에서도
다시 나타난다. "꽃잎으로 쓴 글자"라고 하는 픽션 작품이 일제 식민지 시기
강제적으로 일본어를 주입 교육할 때 한글을 사랑하는 모습을 그린 것이지
만, 일본제국의 문화 동화정책에 대한 고발이라는 성격이 강하다. 또한 4학
년 2학기 도덕 교과서 가운데에서도 일본제국의 침략성을 논리적으로 강조
하는 서술이 나타난다. 재판 과정에서 안중근 피고와 일본인 검사의 공방을
역할 놀이를 통해 재현하도록 과제를 부여하고 있는 부분이 그것이다. 또한
2학기 『생활의 길잡이』 교과서 가운데 「독도를 지키는 우리의 경찰」 부분에
서 독도 사진을 게재한 것도 일본의 침략성을 간접적으로 보여주고 있다고
생각된다.

　한편 4학년 사회 교과서에 오늘날 한국과 일본과의 교류 관계를 소개하
는 서술이 등장하기 시작하는 것도 주목해야 할 일이다. 4학년 1학기 사회
교과서에서는 「세계로 열린 경제」에서 장난감 생산지를 예시하는 가운데

'Made in Japan'을 소개하고 있다. 또한 같은 책에는 한국의 지방 생산품 중에서 수출 상품을 소개하면서 전라남도의 생산품과 수출국을 예시하는 가운데, 세계지도 속에 일본을 주요 수출국으로 표기하고 있다. 이러한 서술의 연장선에서, 지역적 사례로서 부산의 초등학교에서 사용하고 있는 『사회과 탐구』 교과서에는 「국가 간 경제협력」 부분에서 부산광역시가 일본의 기타큐슈(北九州)·후쿠오카(福岡)와 교류한 실적이 소개되고 있다.

5학년 교과서에 한정하여 보면, 도덕과 사회 과목 관련 교과서에서 일본에 대한 서술이 보다 많이 그리고 상세하게 언급되어 있다. 초등학교 5학년 과정에서부터 도덕 과목에서 역사 교육이 본격화 되고 있는 까닭에, 자연스럽게 임진왜란 시기와 근대사 부분에서 일본의 이미지가 침략국으로서의 부정적 이미지로 묘사되고 있다. 반면에 사회 과목 관련 교과서에서는 일본이 현대 한국의 진출 시장으로서의 이미지와 교류 파트너로서의 이미지로 소개되고 있다. 4학년 교과서와 비교하여 보아도 5학년 교과서가 일본을 협력과 교류의 파트너로 소개하는 서술하는 데 있어서 더욱 구체적이고 다양한 표현을 사용하고 있다. 특히 5학년에서 6학년까지의 초등학생을 대상으로 하여 배포되고 있는 『사회과부도』에는 침략과 교류라고 하는 일본의 상반된 이미지가 극명하게 묘사되고 있다.

전반적으로 한국의 초등학교들이 국어, 수학, 과학, 체육, 사회 과목 순으로 비중을 두어 수업을 실시하고 있는 가운데, 국어, 사회, 도덕 관련 교과서를 통해 일본에 관한 정보를 전달하고 있다. 일본의 이미지에 관한 교과서 서술 방향이나 구체적인 내용을 분석하는 가운데서 필자는 다음 몇 가지 특징적인 사항을 발견할 수 있었다.

기초 학년 교과서에서는 '일본'과 관련된 단어가 나오지 않고 있으며, 3학년 2학기 도덕 교과서에 비로소 등장한다. 민족교육을 중시하는 교육방

| 6학년 도덕 교과서와 도덕 참고 교과서

향에 따라 초등학교 교과서에는 일본이 침략과 억압을 상징하는 국가로서의 이미지로 등장한다. 교과서 서술 내용만으로 평가하자면, 초등학교 교육 현장에서 반일(反日)의 관점에서 일본에 관한 교육을 시작하고 있다고 말할 수 있다.

초등학교 3학년 교과서에서 전반적으로 일본이 부정적인 이미지로 묘사된 것과는 달리, 4학년 이상의 교과서에는 역사상 침략국으로서의 이미지와 함께 오늘날에 와서 한국과 경쟁하고 교류하는 경쟁국으로서의 이미지가 나타나 있다. 4학년 교과서에 한정하여 보면, 여진히 학습자에게 일본에 대해 부정적인 이미지를 상대적으로 강렬하게 전달하면서도 부분적으로 일본은 경쟁과 교류의 이미지로 묘사하고 있다.

초등학교 5학년 과정에서부터 도덕 과목에서 한국사 교육이 본격화된다. 따라서 임진왜란 시기와 근대사 부분에서 일본의 이미지가 침략국으로서 강렬하게 부각된다. 한편으로 사회 과목 관련 교과서에서는 일본이 현대 한국의 진출 시장으로서의 이미지와 국제교류 파트너로서의 이미지로 소개된다. 특히 5학년 교과서는 일본을 협력과 교류의 파트너로 소개하는 서술하는 데 있어서 더욱 구체적이고 다양한 표현을 사용하고 있다. 흥미로운 것은 5학년과 6학년에서 사용되고 있는 『사회과부도』에서 이러한 침략과 교류라고 하는 이중적인 일본의 이미지가 동시에 나타나고 있다는 점이다.

초등학교 6학년 사회 교과서에는 보다 풍부한 역사 관련 서술이 나타나 있는 관계로 과거 일본의 침략적인 이미지도 저학년에 비해 월등하게 강하게 표현되고 있다. 그런데 현대사 서술 내용에서는 '일본'에 관한 언급이 보이지 않는다. 이것은 중고등학교를 포함하여 한국사 교육 전반에 나타나는 공통적인 현상이라고 할 수 있다.

마지막으로 초등학교 6학년 도덕 교과서에 재일동포를 포함하여 해외 동포와 관련되는 서술이 많다는 것을 지적할 수 있다. 일본에 관한 서술에 한정하여 볼 때, 비록 서술 분량이 아주 적기는 하지만, 한국과 일본 사이에서 중간자적인 입장을 취하고 있는 재일동포들을 소개하고 있는 것은 한일관계의 역사와 현실을 폭 넓게 이해하도록 하는 데 유익한 교육적인 시도라고 평가할 수 있다. 이처럼 재일동포와 같은 소수자 혹은 중재자로서의 존재에 관한 서술은 결과적으로 일본에 대한 인식 교육에서 경쟁과 교류라고 하는 균형 잡힌 이미지를 전파하고 있는 것으로 보인다. 앞으로 교육 과정을 편성하고 운영하는 데 있어 융통성, 다양화, 개성화의 방향으로 개선이 이루어지는 가운데, 이러한 중간자, 경계인에 관한 서술도 자연스럽게 늘어갈 것으로 전망할 수 있다.

Ⅲ. 일본의 정치사회 변화와 한일관계

_1_
일본의 2009년 중의원 선거 결과

2009년 8월 30일 총 480명을 선출하는 일본의 중의원 선거 결과, 민주당은 308석을 획득하여 단독 과반수를 훨씬 넘기는 대승리를 거두었고 반면에 자민당은 119석에 그쳐 창당 이래 최악의 참패를 맛보았다. 영국의 BBC가 평가한 대로 2009년 일본 민주당의 대승리는 2008년 미국 대통령 선거에서 나타난 버락 오바마 선풍에 비견할 만한 역사적 사건이었다. 일개 야당이 일거에 단독 과반수를 획득하고 당당하게 정권 교체에 나선 것은 전후 일본 정치에서 최초로 이루어진 사건이다. 이것은 이제까지 관료 주도의 행정과 거대 자민당의 내부 정책 조정을 통해 비교적 안정적으로 운영되어 오던 국가적 규모의 정치 시스템에 대한 유연성과 불안정성이 야기되기 시작했음을 의미하는 것으로, 일본 정치의 근본적 성격 변화를 예고하는 신호탄이라고 할 수 있는 것이었다.

일본의 총선거에서 나타난 대변혁은 자민당 정치에 대한 국민들의 불만이 표심으로 작용한 결과에 따른 것이다. 4년 전 중의원 선거에서는 일본 국민들이 고이즈미 수상의 개혁 노선을 지지하며 자민당에 압도적인 지지를 보낸 바 있다. 그러나 고이즈미가 내세운 행정 개혁은 지지부진하게 진행되는 반면, 오히려 그가 내세운 시장원리주의가 사회 전반에 급격한 구조 조정을 조장하여 양극화 현상, 의료 복지의 황폐, 지방경제의 피폐 등을 초래함으로써 일반 국민 생활에 악영향을 끼친 것으로 해석되었다. 여기에다가 고이즈미 정권 이후 자주 일어난 자민당의 수장(首長) 교체는 정치적 무능력과 무책임을 여지없이 드러냈다. 이미 2007년 참의원 선거에서 민주당에 참패하는 교훈을 얻었음에도 이후 자민당 정권은 계속하여 멀어져가는 국

	총정원	민주당	자민당	공명당	공산당	사민당	기타	결원
중의원	480	311	119	21	9	7	13	0
참의원	242	120	85	21	7	5	4	0

민들의 표심을 되돌리기에 역부족이었다.

반면에 민주당은 자민당 정권의 실책을 지속적으로 비판하면서 표심을 모아갔다. 최저임금 인상, 자녀보육수당 확대, 중소기업 법인세 인하, 고속도로 통행료 무료화 등 국민생활과 직접 관련된 지원 정책을 내세우면서 현 정권에 대한 유권자들의 불만을 흡수해 갔다. 여기에 '선거의 귀재'로 불리는 오자와 이치로(小澤一郎) 민주당 대표 대행의 민심을 겨냥한 전략도 이번 선거에서 진가를 발휘했다. 지역구 선거에서 경험과 경륜을 내세우는 자민당 후보에 대해 민주당은 참신함과 개혁성을 무기로 하여 대항했다. 일반 국민에게 널리 알려진 새로운 얼굴들을 후보로 공천했으며 지역에 밀착된 선거 운동에 힘을 쏟았다. 그 결과 이번 선거에서 사사가와 료헤이(笹川了平) 현 자민당 총무회장을 비롯하여 가이후 도시키(海部俊樹) 전 수상, 야마자키 다쿠(山崎拓) 전 부총재, 나카가와 쇼이치(中川昭一) 전 재무상 등의 거물급 정치가들을 물리치는 괄목할 만한 성과를 거두었다.

중의원 선거 결과, 민주당은 중의원과 참의원에서 제1의 정당으로 군림하게 되었다. 2010년 1월 말 현재, 중의원과 참의원에서 차지하고 있는 정당별 의석수는 위의 표와 같다.

외교정책에 있어서 민주당은 선거 과정에서 자민당과 차별화 하는 정책으로 미국에 대한 대등한 외교관계 추구와 아시아 국가와의 협력관계 증진을 내세웠다. 이와 관련하여 미국이 국제사회와 합의하지 않고 독단으로 아프간 전쟁을 개시했다는 비판적 견해를 제시하기도 했고 미군 제7함대만

| 선거 공약을 실은 민주당 홈페이지(왼쪽)와 민주당 승리를 일제히 보도한 일본 신문(오른쪽)

으로도 일본의 방위를 담당하기에 충분하기 때문에 실전 부대까지 일본에 배치할 필요가 없다고 주장하기도 했다. 그러나 막상 정권을 잡고난 후의 민주당이 미국으로부터 방위정책의 자율성을 얼마나 확보해 갈 수 있을지는 미지수였다. 방위정책에서 일본이 독자성을 확보하고자 하는 노력은 이제까지 자민당 정권에서도 추구해 왔던 일이며 과도한 변화는 도리어 아시아 주변국을 자극할 소지가 크기 때문에 민주당으로서도 신중하고 점진적인 변화를 추구해 갈 것으로 쉽게 전망할 수 있다.

한편 기존의 민주당 정책 노선에 따르면 한국과 중국에 대한 외교정책은 보다 유화적으로 전개될 가능성이 큰 것으로 나타났다. 이제까지 민주당의 하토야마 유키오(鳩山由紀夫) 대표 등은 야스쿠니신사로부터 A급 전범의 위패를 분리하거나 독립 추도시설을 설치하자는 의견을 내놓았다. 독도 영유권 문제에 대해서는 북방영토와 같이 일본의 고유 영토라고 주장하면서도 신중한 관리가 필요하다는 유보적인 입장을 취해 왔다. 그리고 북한에 대해서도 지나치게 '납치' 문제 등을 이유로 대화를 거부해 온 자민당 정권에 대해 이의를 제기해 왔다. 이러한 문제들에 대해 민주당 정권이 앞으로 일부 국민들의 저항을 무릅쓰면서까지 얼마나 적극적으로 새로운 정책으로 옮길 것인지에 대해서는 귀추가 주목된다.

한국과 중국으로서는 신생 민주당 정권에 거는 기대가 컸다. 중의원 선거 결과가 밝혀지자 8월 31일 이명박 대통령은 민주당 대표에게 외국 정상으로서는 처음으로 전화를 걸어 축하인사를 전했다. 이 대통령은 이날 통화에서 한국 국민이 이번 선거로 하토야마 대표에게 많은 기대를 걸고 있다고 말하고 한국과 일본이 서로 손잡고 미래를 향해 나아가는 계기가 되기를 바란다고 했다. 이에 대해 하토야마 대표는 반드시 발전적 한일 관계를 이룰 수 있을 것으로 생각한다고 답하고 민주당이야말로 역사를 올바르게 바라볼 수 있는 정당이라는 점을 강조하면서 "우애의 정신을 갖고 더욱 긴밀하게 협력해 나가자"고 제안했다. 중국 정부도 9월 1일 일본 총선거 결과에 대해 논평하면서 양국 관계의 발전을 기대하는 호의적인 입장을 표명했다. 장위(姜瑜) 중국 외교부 대변인은 이날 정례 브리핑에서 일본의 선거 결과를 주의 깊게 지켜보았다고 말하고, "이웃이면서 아시아 주요 국가인 중국과 일본이 고위급 교류의 우호적인 분위기를 지속적으로 유지하여 아시아의 평화와 발전을 함께 촉진해야 한다"고 하는 기대를 표명했다.

다만 민주당의 승리가 곧바로 한일관계를 획기적으로 변화시킬 것이라 기대하는 것은 적절치 않다. 전반적으로 민주당의 성향이 자민당에 비해서 원칙적으로 영토 문제나 역사 문제에 대해 신중하고 주변국 입장을 배려하는 입장이 강하기는 하지만 민주당 내부에는 다양한 의견을 가진 구성원이 존재하기 때문이다. 민주당에는 자민당 의원보다도 훨씬 더 우파적인 보수 성향의 의견을 가진 정치가도 있다. 또한 이번 총선거에 쏠린 민심을 달래기 위해서는 민주당 정권이 경제 살리기와 고용안정을 위해 넘어야 할 장애물이 많다. 자칫 경제 정책에서 가시적인 효과가 나타나지 않을 경우 이번에 자민당을 향했던 분노의 화살이 자신에게 돌아올 수 있는 만큼 민주당으로 서는 여론의 향방에 민감하게 대응해야 하는 어려움을 안고 있다. 기대가 크면 실망도 크다는 이치는 일본 국민 뿐 아니라 주변국 국민에게도 적용될 수 있다. 그동안 문제의 소지가 많았던 자민당 정권이 신중하게 '관리'해 온 한일관계가 오히려 선명성과 참신성을 내세우며 기대를 받은 민주당에 의해 더욱 악화될 가능성도 배제할 수 없기 때문이다.

2

야스쿠니신사, 무엇이 문제인가

야스쿠니신사는 일본의 옛 군인을 비롯하여 일본 국가를 위해 목숨을 바친 사람들을 제사하는 곳이다. 1869년 도쿄 쇼콘샤(招魂社)라는 이름으로 건립되어 1879년에 야스쿠니신사로 명칭을 바꾸었다. 일본 패전 이전까지 국가 기관으로서 내무성이 인사를 관리하고 육군성과 해군성이 제사 업무를 관할했다. 그러나 패전 이후 1946년부터는 국가의 관리에서 벗어나 도쿄 도지사가 인정하는 개별 종교 법인이 되었다. 야스쿠니신사에는 메이지(明治) 시기의 일본 내전을 비롯한 청일전쟁, 러일전쟁, 만주사변, 중일전쟁, 태평양전쟁 등에서 일본 국가를 위해 죽은 것으로 된 246만 6000여 명의 사망자가 합사(合祀)되어 있다. 오늘날에 이르기까지 야스쿠니신사가 가장 중요시하고 있는 제사 의식에는 매년 4월에 열리는 춘계 대제와 10월에 열리는 추계 대제가 있다.[1]

1945년 12월 점령 당국은 일본 정부에 대해 소위 '신도(神道)지령'으로 불리는 지령을 내려 국가 신도, 신사 신도에 대한 정부의 보증, 지원, 보존, 감독과 홍보를 폐지하도록 했다. 이것은 국가 신도를 폐지하고 정교(政敎) 분리를 추진힘으로써 종교의 자유를 확립히고 군국주의 요소를 배제하려고 하는 점령정책의 목표를 나타낸 것이었다. 이러한 점령정책의 연장선에서 이듬해 제정 공포된 일본국 헌법은 여러 조항에서 정교분리의 원칙을 규정했다. 여기서 말하는 정교분리 원칙은 과거 일본제국의 종교였던 신사 신도를 국가로부터 분리시키고 국가가 종교에 관여하는 것을 일체 금지하여 국

---

1 靖国神社 홈페이지 www.yasukuni.or.jp.

가를 완전히 세속적 원리에 입각하여 성립하도록 하겠다는 것을 의미한다.

그러나 전후 일본의 재출발과 함께 일본의 정치권에서는 정교분리 원칙에 위배되는 움직임이 연이어 나타났다. 그 가운데 야스쿠니신사와 관련된 가장 광범위한 움직임으로 우익 세력과 자민당에 의해 일어난 '국가 호지(護持)' 운동을 들 수 있다. 이것은 일본유족회의 움직임이 중심이 된 것으로, 전쟁 전과 같이 야스쿠니신사를 국가의 관리 하에 복귀시키려고 하는 운동이었다. 대표적인 사례로 60년대와 70년대 다이토주쿠(大東塾) 등 우익 단체가 자민당 정치가들에게 압력을 가하여 신사를 국가가 관리하도록 요구한 일이 있다. 우익 세력들은 음으로 양으로 '국가 호지'를 주장하며 관련 법안 제정을 요구했다. 그 과정에서 1969년 1월 당시 일본유족회 회장이던 가야 오키노리(賀屋興宣)가 탈종교화를 용인하는 조건으로 하는 국가 관리 법안에 호의적인 태도를 보였다. 그러자 우익 세력이 그에게 폭행을 가했으며, 사토 에이사쿠(佐藤榮作)와 다나카 가쿠에이(田中角榮) 수상에 대해 직접 요청하는 등 로비 활동을 활발히 전개했다.

우익 세력의 움직임과 함께 자민당 내부에서도 유족회의 요구를 받아들여 야스쿠니신사를 탈종교적인 특수법인으로 만들고 국가의 관리하에 두고자 하는 입법 움직임이 전개되었다. 야스쿠니신사로부터 종교성을 배제하고 수상의 감독 아래에 두면서 의례 행사에 필요한 경비 일부를 국가 예산으로 충당하자는 취지의 입법 움직임이었다. 자민당 의원 입법으로 1968년 12월에 관련 법안 초안이 발표된 것을 계기로 하여 일본 사회에서 정교분리에 관한 논의가 활발히 전개되었다. 1969년부터 다섯 차례에 걸쳐 국회에 제출되었지만 심의 대상은 되지 못하고 폐안에 이르기를 거듭했다. 6번째로 1973년에 제출된 법안은 심의동결 등을 거쳐 이듬해 중의원에서 가결되었지만, 이 법안 역시 참의원에서 심의를 거치지 못하여 자동 폐안

되었다. 그 후 더 이상 야스쿠니신사의 탈종교화에 관한 입법 움직임은 전개되지 않았으며, 그 대신에 야스쿠니신사와 별개의 종교성을 갖지 않는 국립 추도시설을 건립하자는 논의로 발전해 왔다.

그 후 1975년부터는 야스쿠니신사 수호 세력의 목표가 수상과 천황 등이 8월 15일에 행하는 '공식 참배' 정책으로 방향을 돌리게 된다. 그런데 1985년 이래 중국과 한국 정부가 A급 전범 합사를 이유로 '공식 참배'를 비판하면서 외교적 문제로 비화하게 되었다. 이와 함께 야스쿠니신사는 일본인뿐 아니라 다수의 식민지 출신 군인 군속을 합사하고 있어 전후 처리의 문제점을 상징적으로 보여주고 있기도 하다. 또한 전쟁터에서 행방불명이 되었다가 나중에 생환한 사람이 합사되는 등 합사 대상자가 아님에도 합사되어 야스쿠니신사의 종교적 권위성이 허상이라는 점이 점차 밝혀지고 있다.[2]

일본 정부는 직접 관리를 했든 간접 개입을 했든 20세기 전체에 걸쳐서 야스쿠니신사 이외에는 일본의 전사자들을 추도할 시설이 없다고 하는 입장을 견지해 왔다. 하지만 일본 사회와 국제사회의 요구, 그리고 일본 정부 스스로의 전쟁 반성 논리의 확대 등으로 21세기에는 어떠한 형태로는 야스쿠니신사 문제에 대한 재정립을 해야 하는 과제를 안고 있다. 오늘날까지 이어지는 야스쿠니신사 문제로는 일본 수상의 '공식 참배' 문제, A급 전범을 야스쿠니신사로부터 분사(分祀)하는 문제, 야스쿠니신사에 내체하는 국립 추도시설을 건립하는 문제 등이 있다. 이 문제들은 모두 정교분리 원칙에 위배된다고 하는 일본 사회 내의 논쟁과 A급 전범의 합사로 인한 외교적 쟁점에서 비롯된 것으로, 일본 정부의 야스쿠니 정책 방향을 전망하는 데 있어서 중요한 줄기가 되고 있다.

---

2 남상구, 『야스쿠니신사 한국인 합사경위 및 합사자 명부 진상조사』(일제강점하강제동원피해진상규명위원회, 2007).

3

야스쿠니신사의 A급 전범 분사 문제

일본의 국회도서관은 지난 2007년 3월 야스쿠니신사가 A급 전범을 합사하는 과정에 관한 비공개 자료들을 모은 『신편야스쿠니신사문제자료집』을 국회에 제출했다. 국회도서관은 2006년 1월부터 국회의원들이 계속하여 자료를 요구하자, 야스쿠니신사 등으로부터 관련 자료의 수집과 발굴에 착수하여 그 결과물을 제출하기에 이른 것이다. 이 자료집에는 야스쿠니신사가 소장하고 있는 비공개 자료와 함께, 후생성과 신사 간의 회합 내용 등 모두 808건, 총 1200쪽 정도의 내용이 담겨 있다. 이 자료집 내용을 통하여 일본 정부가 50년대부터 A급 전범의 합사 과정에 적극적으로 관여한 사실이 명백하게 밝혀졌다.[3]

또한 이 자료집을 통하여 전쟁 전에 국가가 신사를 운영해 오던 관계를 완전히 단절하지 않고 후생성이 신사 운영에 관여해 온 것이 드러났다. 이는 일본국 헌법에서 규정한 정교분리의 원칙을 일본 정부 스스로가 위반해 왔다는 것을 증명한다. 또한 이 자료를 통하여 일본 정부가 전범 합사 문제를 은밀하게 추진해 온 것이 밝혀졌다. 다만 이 자료집에서도 A급 전범의 합사와 관련하여 1969년 '합사 가능' 결정에서부터 1978년 '합사 단행'에 이르는 시기의 일본 정부의 움직임을 알게 하는 자료들이 빠져 있다.

일본 정부는 그때까지 야스쿠니신사가 A급 전범을 합사한 이유나 경위에 대해서 전혀 모른다는 주장을 계속해 왔다. 자료집 제출에 관한 보도가 나간 직후에도 아베 신조 수상은 기자회견을 통해 "합사를 행한 것은 신사

---

3 최영호, 『한일관계의 흐름 2006-2007』(논형, 2008), 27~28쪽.

| 다큐멘터리 영화 "야스쿠니" 포스터

측이며, 후생성은 요청받은 정보를 제공한 것 뿐이다"라고 하며 정교분리 원칙에 비추어 문제가 없다는 태도를 보였다. 시오자키 야스히사(鹽崎恭久) 관방장관도 "후생성은 지난 군부 인사자료를 가지고 있었기 때문에 일상적인 업무의 일환으로 회답해 온 것"이라고 설명하면서, 합사에 관한 최종적인 판단은 신사 측에 있었으며 정부 측이 강제로 추진할 일은 아니었다고 말했다.

그러나 샌프란시스코강화조약 발효 이후 후생성 인양원호국이 유족에 대한 원호 행정을 담당하는 과정에서, 일본의 중앙정부와 지방정부가 야스쿠니신사의 합사 대상자를 선정하는 데 깊이 관여한 사실은 이미 널리 알려진 일이있다. 일찍이 1956년 후생성은 "야스쿠니신사 합사 사무에 관한 협력에 대하여"라고 하는 통지문을 지방정부에 보내어, 신원 조사 등을 통해 합사 대상자 선정에 협력하도록 요청한 일이 있다. 야스쿠니신사는 추계 대제 직전에 합사를 하면서 합사 대상자를 후생성에 조회했다. 이에 대해 후생성은 선정 기준을 정하여 해당하는 자의 신상카드를 지방자치단체의 육군과 해군 복원 업무 담당부서에 작성하게 한 다음, 이를 모아서 야스쿠니신사 측에 보냈다. 이로써 제신(祭神)의 선정과 합사에 관민일체의 공동 작업이

| 야스쿠니신사와 영화 "야스쿠니"의 한 장면

계속되어 온 것이다.[4]

『신편야스쿠니신사문제자료집』제출 직후, 아사히신문은 사설을 통해 전후에 들어 일본 후생성이 합사 문제에 다음과 같은 관여했다고 밝혔다.[5] 1958년 4월 인양원호국 담당자가 야스쿠니신사 사무소에서 열린 회합에서 신사 측에게 BC급 전범자에 대해 "개별 심의해도 지장이 없을 정도로, 게다가 눈에 띄지 않도록 합사하는 것은 어떤지 연구할 것"을 요청한 일이 있다. 같은 해 9월의 회합에서는 도조 히데키(東條英機) 등 A급 전범자에 대해서도 이야기가 오갔는데, 이때 이들의 합사를 구체적으로 논의했다고 하는 기록은 없고 해외에서 처형당한 BC급 전범자의 합사를 결정한 것으로 알려져 있다. 이후에도 수차례에 걸쳐 후생성과 야스쿠니신사 사이에 회합이 있었으며, 1959년에는 A급 전범자의 처리는 유보하고 우선 BC급 전범자의 합사만을 단행했다.

이미 1953년 8월 유족원호법 개정에 의해 전범자들의 죽음이 법무사(法務死)로 인정되어 그 유족에게 유족연금과 조위금 지급이 이루어진 바

---

4 大原康男, 『いわゆる「A級戦犯」合祀と靖国問題について』(モラロジー研究所, 2008), 31~32쪽.
5 「朝日新聞」2007年 3月 30日.

| 야스쿠니를 상대로 무단합사 취하를 요구하는 한국인 피해자 단체

| 야스쿠니 명부에서 자신의 이름을 빼라고 주장하는 한국인 생존자들

있다. 그럼에도 이렇게 뒤늦게 그것도 비밀리에 전범자의 합사가 이루어진 것은 일본 사회로부터의 비판을 의식했기 때문이다. 즉, 전쟁 책임자들을 현양(顯揚)하는 일이 지난 전쟁을 긍정하고 전쟁 책임을 애매하게 한다는 비판을 불러올 것으로 판단한 것이다. 앞서 언급한 바와 같이 후생성은 이미 1966년에 A급 전범자의 제신명표를 야스쿠니신사에 송부했다. 그러나 야스쿠니신사 궁사(宮司)의 판단에 따라 합사를 미루고 있다가 1969년 1월의 관민 회합에서 A급 전범자 가운데 '수난자' 12명에 대한 합사가 가능하다는

| 야스쿠니 반대활동을 담은
다큐멘터리 영화 "안녕, 사요나라"

결정이 내려졌으며, 다만 이때 외부 발표는 피하기로 했다. A급 전범자의 합사는 1978년 10월에야 이뤄졌다.

A급 전범자 합사 사실이 알려지면서 일본 사회와 주변 국가로부터 이에 대한 비판과 함께 분사를 요구하는 목소리가 높아졌다. 과거 8세기경에 이타키소(伊太祁曾)신사에서 합사되어 있던 3개신을 각각 3개 신사로 나누었다고 하는 것처럼 신도에서 분사의 전례가 전혀 없는 것이 아니다. 하지만 야스쿠니신사 측과 유족회 측은 A급 전범자 분사 요구에 대해 "일본의 전통 신앙에 의하면 사람이 죽으면 모두 신이 된다", 혹은 "분사 주장은 시체를 두들겨 패는 것과 같은 행동"이라는 이유를 들어 단호하게 거부하고 있다.

야스쿠니신사 측의 분사 반대 견해는 2004년 2월 나카소네 야스히로 전 수상이 아사히TV 프로그램에서 A급 전범자 분사를 주장한 것에 대한 반박에서 잘 드러나고 있다. 예로부터 신도에서는 분령(分靈)을 행하여 별도의 신사에서 제사를 지내는 일이 있으나, 비록 분령되었다고 해도 본래의 신령이나 분령된 신령이 전신격(全神格)을 가지고 있다고 본다. 따라서 현재 야스쿠니신사에 모신 246만 6000여 신령 가운데 하나의 신령을 분령한다고 해도 본래의 신령은 존재하게 되며 일단 합사된 개개의 신령의 집합체인 전신격은 옮길 수 없다고 보았다.[6] 오늘날에도 이를 촛불에 비유하여 신사의

---

6 靖國神社, 「所謂 A 級戰犯分祀案に対する 靖國神社見解」(2004년 3월 3일).

촛불을 나눈다고 해도 본래 촛불은 남는다고 하며 신사 측의 '분령불가(分靈不可)'설을 옹호하는 주장이 있다. 일본의 우익 대부분은 이러한 절대적인 분사 반대론을 지지하고 있다. 현실적으로도 만약 야스쿠니신사가 분사를 하게 되면 일본 사회에서 뿌리 깊게 존재하는 합사 반대 움직임이 분사 요구로 이어질 수 있다고 하는 우려 때문에 야스쿠니 측이 분사 요구를 수용하기는 어려울 것으로 보인다.

이에 대해 일본 유족회는 물론 자민당과 민주당에서도 일부 인사들이 A급 전범의 분사를 주장하고 있다. 이것은 A급 전범으로 사형 당한 자들을 상급자의 명령에 따라 죽어 간 병사 전사자들과 동일하게 취급하는 야스쿠니신사 측의 행동이 야스쿠니신사의 지지층이 되어 온 보수층에게 일부 위화감으로 작용하고 있기 때문이며, 유족회 내부에서도 전쟁에 반대하는 입장이 점차 강화되는 경향을 보이고 있기 때문이다. 그렇다고 해서 야스쿠니신사 참배 문제가 외교적인 쟁점으로 떠오르지 않는 분위기에서는 당분간 일본의 정치권이 적극적인 정책으로서 A급 전범자 분사 논의를 추진할 것으로 기대하기는 어렵다. 다만 장기적으로 볼 때, 계기가 마련되어 대체 추모시설 등을 카드로 하여 정치권이 야스쿠니신사 측에 강력하게 분사를 요구할 경우, 야스쿠니신사 측이 종래의 '전신격 불변' 주장을 유보하고 현실적 대안으로서 A급 전범지 부분 분사 논의를 받아들일 소지가 전혀 없지는 않다고 본다.

_4_

야스쿠니신사에 대한 정치가 참배 문제

일본의 포츠담선언 수락 이후 2009년 12월 현재에 이르기까지 총 32명이 일본의 수상직을 담당해 오고 있다. 이 가운데 현직 수상으로서 야스쿠니신사를 참배한 사람이 총 14명이며, 미키 다케오(三木武夫), 후쿠다 다케오(福田赳夫), 스즈키 젠코(鈴木善幸), 나카소네 야스히로, 고이즈미 준이치로는 8월 15일에 참배했다. 전후 역대 수상의 참배 횟수와 참배일은 오른쪽의 표와 같다.[7]

1979년 춘계 대제 직전에 각 신문들이 합사 사실을 보도하면서부터 일본인 대중들에게 A급 전범자 합사 문제가 널리 알려지게 되었다. 이때까지 아무런 논란이 없이 수상의 참배가 이루어져 왔는데, A급 전범자 합사가 알려지면서 수상의 야스쿠니신사 참배 문제가 과거 전쟁에 대한 인식 문제와 관련지어지고 이른바 정치적인 쟁점으로 발전한 것이다. 이렇게 되자 일본 정부에게 있어서 야스쿠니신사 참배 문제는 이른바 정책적 고려 대상이 되기에 이르렀다. 이렇게 볼 경우, 전후 총 67회에 걸쳐 수상의 참배가 이루어진 가운데, 오히라 마사요시(大平正芳) 이후 29회에 걸쳐 정책적으로 수상의 참배가 이루어졌다고 말할 수 있다. 오히라, 스즈키, 나카소네로 이어지는 수상들은 정책 방향으로 취한 것은 '사적 참배'라는 명분으로 야스쿠니신사 참배를 정당화하는 일이었다.[8] 그러면서도 실제로는 8월 15일 참배를 포함하여 야스쿠니신사에 참배하는 일이 잦아졌다. 특히 스즈키 내각의 발족 직후 8월 15일에는 환자 한 명과 다른 의견을 가진 각료 한 사람

---

7 인터넷 백과사전 "위키피디아(Wikipedia)"(일본판)의 '靖国神社問題' 항목 참조.
8 大原康男, 『いわゆる「A級戦犯」合祀と靖国問題について』(モラロジー研究所, 2008), 46쪽.

일본 역대 수상의 참배 횟수와 참배일

수상명	재임기간	야스쿠니 참배횟수	야스쿠니 참배일
東久邇宮稔彦王	45.8~45.10	1회	45.8.18
幣原喜重郎	45.10~46.5	2회	45.10.23/ 45.11.20
吉田茂	46.5~47.5 48.10~54.12	5회	51.10.18/ 52.10.17/ 53.4.23/ 53.10.24/ 54.4.24
岸信介	57.2~60.7	2회	57.4.24/ 58.10.21
池田勇人	60.7~64.11	5회	60.10.10/ 61.6.18/ 61.11.15/ 62.11.4/ 63.9.22
佐藤栄作	64.11~72.7	11회	65.4.21/ 66.4.21/ 67.4.22/ 68.4.23/ 69.4.22/ 69.10.18/ 70.4.22/ 70.10.17/ 71.4.22/ 71.10.19/ 72.4.22
田中角栄	72.7~74.12	5회	72.7.8/ 73.4.23/ 73.10.18/ 74.4.23/ 74.10.19
三木武夫	74.12~76.12	3회	75.4.22/ 75.8.15/ 76.10.18
福田赳夫	76.12~78.12	4회	77.4.21/ 78.4.21/ 78.8.15/ 78.10.18
大平正芳	78.12~80.6	3회	79.4.21/ 79.10.18/ 80.4.21
鈴木善幸	80.7~82.11	9회	80.8.15/ 80.10.18/ 80.11.21/ 81.4.21/ 81.8.15/ 81.10.17/ 82.4.21/ 82.8.15/ 82.10.18
中曽根康弘	82.11~87.11	10회	83.4.21/ 83.8.15/ 83.10.18/ 84.1.5/ 84.4.21/ 84.8.15/ 84.10.18/ 85.1.21/ 85.4.22/ 85.8.15/
橋本龍太郎	96.1~98.7	1회	96.7.29
小泉純一郎	01.4~06.9	6회	01.8.13/ 02.4.21/ 03.1.14/ 04.1.1/ 05.10.17/ 06.8.15
계		67회	

을 제외하고 수상과 19명의 각료가 한꺼번에 참배하는 초유의 이벤트를 연출하기도 했다.

야스쿠니 참배 문제에 대한 이러한 사적 참배를 주장하는 '굴절된' 정부 방침을 비판하며, 부수적 성향의 정치가와 유족 단체들이 '공식 참배'를 요청하는 운동을 대대적으로 전개했다. '영령에 보답하는 모임'이 1978년 1월부터 시작한 운동을 필두로 하여 시작된 '공식 참배' 운동은 1982년 8월에 천만 명 서명을 달성하고 여기에 동참한 의원 수도 387명에 달했다. 이런 움직임을 받아들여 나카소네는 자민당 정무조사회 내각부회 안에 오쿠노 세이스케

(奥野誠亮)를 위원장으로 하는 '야스쿠니신사에 관한 소위원회'를 구성하고 '공식 참배'의 위헌 시비에 대응할 수 있는 논거를 마련하게 했다. 그 결과 종교성을 희박하게 하는 참배 형식을 고안해냄과 동시에 정교분리 원칙에 저촉되지 않는 방식에 의한 '공식 참배'가 가능하다는 결론을 내리게 되었다.

나카소네가 '공식 참배'를 선언하고 1985년 8월 15일 새로운 형식으로 참배 의례를 마쳤다. 그러나 일본 정부의 예상을 훨씬 뛰어넘어 이 일에 대해 중국이 강력하게 반발하며 일본 정부를 압박했다. 수상의 야스쿠니신사 참배 문제가 과거 주변국에 대한 침략전쟁 인식 문제와 관련하여 외교적인 쟁점이 되기 시작한 것이다. 중국의 반발을 계기로 일본 정부는 일본 국내 정치 문제로서 뿐 아니라 외교적인 문제로서 정책적인 시야에 넣고 야스쿠니 참배 문제를 다루어나가지 않을 수 없게 되었다. 이로써 일본 수상의 '공식 참배' 정책은 단 한 차례로 끝나게 되었다. 이후 일본 정부는 A급 전범자를 합사하고 있다는 문제점에 한정하여 즉, 외교적인 타협으로서 '공식 참배'를 하지 않을 것을 정책 방향으로 삼아 오고 있다.[9]

나카소네 이후 일본의 역대 수상들이 야스쿠니 참배를 절제하는 가운

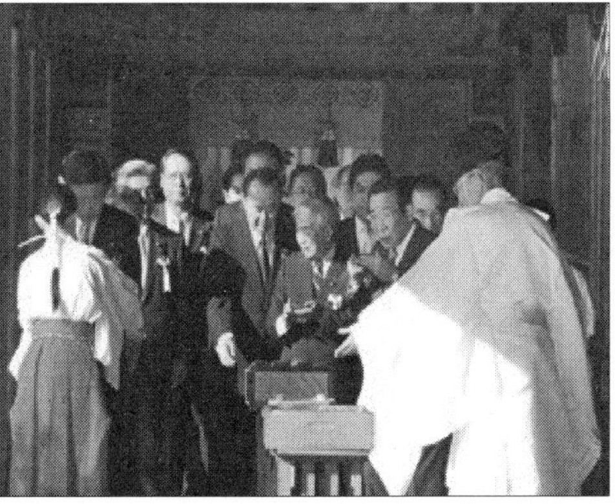

| 2006년 8월 15일 고이즈미 준이치로 총리의 야스쿠니 참배(왼쪽)와
2009년 10월 일본 국회의원 야스쿠니 집단 참배(오른쪽)

데 고이즈미 수상은 매년 야스쿠니신사를 찾았으며 임기 종료를 앞두고는 8월 15일에 참배했다. 21세기에 들어서서까지 일본 정부가 야스쿠니 참배 문제로 주변국과의 관계를 그르치는 구태의연한 모습을 보인 것이다. 이는 고이즈미가 재임 중 6번째의 마지막으로 한 참배로서, 2001년 자민당 총재가 되면서 내세웠던 8·15참배공약을 완벽하게 실현하는 모습을 보였다. 고이즈미가 재임 기간에 걸쳐 보인 주변국을 무시한 정치적 퍼포먼스는 일부 일본 국민들에게는 정치적 책임에 대한 강렬한 메시지가 되었을지 모른다. 그러나 주변국 국민에게는 일본에 대한 감정을 상하게 하고 불신을 키웠으며 이것이 국민 상호간의 부정적 인식을 증폭시키는 중대한 원인을 제공했다.

야스쿠니 참배로 인한 외교적 불협화음에 직면하여, 고이즈미 이후 자민당 정부는 수상의 야스쿠니신사 참배를 절제하고 주변국을 자극하지 않는 정책으로 일관해 왔다. 더욱이 2009년 민주당 정권에 들어서서는 각료의

---

9 다카하시 데쓰야, 『결코 피할 수 없는 야스쿠니 문제』(역사비평사, 2005), 68~71쪽.

참배까지 절제하고 있어 야스쿠니신사 참배 문제에 관한 한 주변국에 대해 자민당 정권보다 더욱 적극적으로 외교적인 배려의 제스처를 보이고 있다. 2009년 10월 10일 베이징에서 열린 중국 총리와의 회담에서 하토야마 유키오 수상은 "나와 각료들은 A급 전범이 합사된 야스쿠니신사를 참배할 생각이 없다"라고 단언한 바 있다.[10]

단기적으로 볼 때, 이처럼 민주당 정부의 주변국 배려에 따라 수상이 나서서 야스쿠니신사를 참배하지 않을 것이라고 하는 데에는 이론의 여지가 없다. 하지만 일본의 정치권 전반에 걸친 참배의 절제로 이어질 것으로 보기는 어렵다. 이것은 민주당 내부 의원들의 행보에서도 마찬가지다. 민주당이 집권한 이후 처음 맞는 야스쿠니 추계 대제에 즈음하여, 2009년 10월 20일 비록 현직 각료들이 모두 빠지기는 했지만 민주당 소속 의원들도 다수 포함된 가운데 '다함께 야스쿠니신사에 참배하는 국회의원 모임'에서 활동하는 의원 54명을 포함하여 69명이 야스쿠니신사를 집단 참배한 것은 이러한 이중적인 현상을 잘 보여준다.

장기적으로 볼 때, A급 전범자 분사의 움직임과 맞물려 야스쿠니신사 참배에 관한 정책이 달라지겠지만, 만약 A급 전범자가 합사된 상태가 그대로 지속된다고 해도 여전히 정권의 향방에 따라, 그리고 중일관계의 역학 변화 등에 따라 또다시 21세기 벽두에 고이즈미가 보인 퍼포먼스가 재연될 소지도 없지 않다. 그것은 일본의 정치권에서 과거 침략전쟁과 식민지 지배에 대한 역사인식에서 근본적인 전환이 이루어지지 않은 가운데, 국내외적인 영향을 받아 일본인들의 집단적인 정체성 찾기 움직임이 계속 이어질 것으로 보기 때문이다.

---

10 「연합뉴스」 2009년 11월 1일.

_5_

야스쿠니신사를 대체할 추도시설 문제

야스쿠니신사 참배 문제와 관련하여 일본 정부가 정책적으로 검토해 오고 있는 것 중의 하나로 국립 추도시설 건립의 문제를 들 수 있다. 이것은 야스쿠니신사 참배 문제에서 제기되고 있는 정교분리 원칙 문제나 A급 전범 합사 문제로 인한 사회적 외교적 갈등을 해결하고자 하는 정책 가운데 하나로, 특정 종교 색깔을 띠지 않는 국립 상설 추도시설을 건립하자는 움직임이다.

일찍이 1999년 오부치 게이조(小淵惠三) 내각의 노나카 히로무(野中廣務) 관방장관이 A급 전범자 분사를 제기하는 가운데 무종교 국립묘지를 신설하자는 구상이 나오기는 했지만 그때에는 정책적인 검토로 이어지지 않았다. 그러다가 고이즈미 내각 발족 직후인 2001년 6월, 정당 대표 간 토론에서 야당 측이 야스쿠니신사에 대체하는 추도시설로 국내외 인사들이 거리낌 없이 추도할 수 있는 시설에 대한 검토를 제안했다. 이것이 일본 정부에 의한 정책적 검토의 발단이 되었다고 할 수 있다. 당시 수상의 야스쿠니신사 참배에 비판적 견해를 가지고 있던 다나카 마키코(田中眞紀子) 외상도 대체 추도시설 제안에 적극적인 호응을 보였다. 그 해 8월 야스쿠니 참배 지후 고이즈미 수상도 국립 추도시설에 대한 검토를 시작하겠다는 입장을 밝혔다.

당시 후쿠다 야스오(福田康夫) 관방장관의 사적 자문기관이 중심이 되어 이 문제를 검토하기 시작했고 이듬해 12월에 '보고서'를 통해 검토 결과를 발표했다. 이 '보고서'는 거국적인 추도를 위하여 국립 무종교 항구적 시설이 필요하다는 결론을 내렸다. 그러나 추도의 대상, 과거 전쟁에 대한

평가, 야스쿠니신사나 지도리가후치(千鳥ヶ淵) 묘원과의 관계 등 중요한 문제에 대해서 불명확하고 애매한 입장을 제시했다고 하는 근본적인 문제점을 안고 있었다. 더욱이 이 '보고서'가 제출되자, 2003년 1월 일본 정부는 '보고서'가 제안한 시설 건립 등에 관한 문제를 구체화 하지 않고 실행 판단을 장래로 미루겠다고 하여 유야무야시키고 말았다. 결과적으로 일본 정부는 이 '보고서'를 대외적인 반발에 대한 시간 벌기로서만 이용한 것이다.

이와 함께 2005년 11월에 의원들로 결성된 '국립 추도시설을 생각하는 모임'도 새로운 국립 추도시설을 제안했다. 이 모임의 회장은 당시 야마자키 다쿠(山崎拓) 자민당 의원이, 부회장은 후유시바 데쓰조(冬柴鐵三) 공명당 의원과 하토야마 유키오 민주당 의원이 각각 담당했다. 이 모임은 2006년 6월 15일에 발표한 제안서를 통해 수상의 야스쿠니신사 공식 참배는 위헌의 소지가 있다고 전제하고 무종교 국립 추도평화기념시설 건립을 요구했다. 여기에 참가하는 의원은 50명에서 100명 정도에 이르는 것으로 알려져 있는

데, 야마자키처럼 이 모임과 '다함께 야스쿠니신사에 참배하는 국회의원 모임'에 양다리를 걸치고 있는 의원이 적지 않았다.

야스쿠니신사 참배의 문제점을 인식하는 가운데 국립 추도시설 건립을 찬성하는 사람들은 공통적으로 대체 시설이 정교분리 원칙에 저촉되지 않고, 야스쿠니신사와는 달리 민간인 수난자도 추도 대상으로 할 수 있으며 야스쿠니신사처럼 죽은 사람을 미화하는 측면이 없어, 국내외 인사 누구라도 참배할 수 있다는 견해를 내세우고 있다. 현실적 대안으로 과거 히로히토(裕仁)의 장례식이 거행되었던 신주쿠교엔(新宿御苑)이 새로운 추도시설의 후보지로 거론되기도 했지만, 신주쿠교엔보다는 지도리가후치 묘원을 확충하자는 데 보다 무게가 실렸다. 하지만 지도리가후치 묘원도 무연고 사망자의 묘역으로서 야스쿠니신사와 성격이 판이하게 다르기 때문에 대체 추도시설로서 부적절하다는 견해가 많았다. 이러한 이유 등으로 오늘날 일본의 정치권에서는 야스쿠니신사를 대체하는 추도시설로서 평화기념공원과 같은 별도의 시설을 건립하자고 하는 견해가 가장 유력시되고 있다.

민주당은 야당 시절부터 지도리가후치 묘원보다는 새로운 국립 추도시설 건립에 매우 긍정적이고 적극적인 태도를 보였다. 일찍이 2001년 고이즈미의 야스쿠니신사 참배를 비판하면서 당내에 재야내각(Shadow Cabinet) 내사부 부문 야스쿠니 문제 입무덤을 구성하고 스에마쓰 요시노리(末松義規) 의원을 좌장으로 하여 국립 추도시설 건립 문제를 검토하게 했다. 그 결과 2003년 7월에 발표한 의견으로써 위헌 가능성이 높은 야스쿠니신사와는 다른 새로운 국립 추도시설을 건립하기 위해 관계자와 조정을 추진하겠다고 하고, 필요하다면 법안 작성과 함께 민간단체와 제휴하여 국민운동까지 추진하겠다고 했다.[11]

한편 대체 추도시설을 반대하는 사람들은 이미 국가의 추도시설로서

| '국립추도시설을 생각하는 모임' 연구회

야스쿠니신사가 존재하기 때문에 굳이 새로운 추도시설을 만들려고 하는 것은 유족이나 국민들의 감정에 맞지 않을 뿐더러 국가 예산을 낭비하는 일이라고 주장한다. 또한 야스쿠니신사 참배에 반대하는 국가 가운데 외교관계를 맺고 있는 국가로는 기껏 해야 중국과 한국뿐이기 때문에 야스쿠니신사 참배가 '아시아 사람들의 감정을 상하게 한다'는 주장은 언어도단이라고 비판한다. 그리고 일부 외국의 대통령이나 수상, 각료, 군인들이 야스쿠니신사에 참배한 일이 있다는 점을 들어, 중국과 한국 이외의 국가 사람들은 야스쿠니신사에 참배하고 있거나 이를 용인하고 있다고 과장된 주장을 펼치고 있다.

오늘날 일본 정부의 입장을 살펴보자. 2009년 8월 중의원 선거를 치르기 직전에도 민주당의 하토야마 대표는 다가오는 중의원 총선에서 민주당이 승리하면 야스쿠니신사와는 별도로 새로운 국립 추도시설을 건립할 방침이

---

11 民主党, "新しい国立追悼施設の設立について"(2003. 7. 16).

라고 밝힌 바 있다. 하토야마는 8월 13일 민주당 본부에서 기자회견을 통해 A급 전범자가 합사되어 있는 야스쿠니신사에 일본의 수상과 각료가 참배하는 것은 바람직하지 않다고 말하고, "주변국들의 반발 없이 전쟁 희생자들을 추모할 수 있도록 어떤 종교에도 속하지 않는 국립 추도시설을 건설하는 것이 시급하다"고 하는 적극적인 견해를 밝혔다. 이와 함께 그는 "천황도 마음 편하게 참배할 수 있는 시설을 마련하는 게 좋을 것"이라는 의견을 덧붙였다.[12]

그런데 집권 후 민주당 정부는 국립 추도시설을 건립하는 문제에 대해 애초의 입장과는 달리 소극적인 태도를 보이고 있다. 산케이신문은 10월 중순 일본 내각부가 부처별로 취합한 2010년도 예산안을 분석하고 야스쿠니신사에 대체할 국립 추도시설 건설비용이 예산안에 포함되지 않았다고 보도했다.[13] 이에 따라 하토야마 수상이 주장했던 새로운 국립 추도시설 건설 문제는 최소한 2011년에 가서야 정책적인 검토 대상이 될 것으로 보인다. 이로써 정권 교체 이후 일본 정부가 얼마나 대체 추도시설 건설 문제에 적극적일 것인가에 관심을 집중해 온 주변국으로서는 하토야마 수상의 말 바꾸기에 불신감을 느끼지 않을 수 없게 되었다. 그러나 중장기적으로 볼 때 어떠한 계기로 야스쿠니신사 참배 문제가 일본 사회의 쟁점으로 부상하게 되거나 외교적 차원에서 무종교적 참배의 필요성이 요구될 경우, 일본 정부가 국립 추도시설 건설에 나설 가능성은 적지 않다.

---

12 「중앙일보」 2009년 8월 14일.
13 「産経新聞」 2009年 10月 15日.

_6_

일본의 자유주의 사관 교과서 문제

2009년 4월 새로운 역사교과서를 만드는 모임(새역모)가 만든 지유샤(自由社)판 중학교 역사교과서가 일본 문부성의 검정을 통과했다. 일본 역사교과서 문제는 일본 정부의 애매한 전후 역사인식을 기반으로 하여 일본 사회의 보수화 경향에 따라 발생하는 문제다. 1996년 12월에 발족된 새역모는 결성 이후 지속적으로 일본군위안부 문제에 대해서 강제연행 사실이 없었다고 주장해 오고 있다. 또한 과거 침략에 관한 역사 교과서 내용과 관련하여 종래의 일본 역사학계의 관점이 필요 이상으로 일본을 부정적으로 묘사하는 이른바 '자학사관'이라고 비판하면서, 어린이들에게 일본인으로서 자긍심을 가질 수 있게 하는 교과서가 필요하다는 것을 역설하며 민족주의적 논조를 펼치고 있다.

새역모에 참가하는 사람들의 의견은 모두 일치하지는 않지만, 대체로 과거 식민지 지배와 침략 전쟁에 대한 역사학계의 반성 자세를 비판하고 주변국의 역사 책임 주장에 일본 정부의 수동적인 태도에 이의를 제기한다는 점에서 일치한다. 주로 언변이 좋은 인사들을 영입함으로써 대중적인 인기를 기반으로 하여 젊은 층으로부터 지지를 얻고 있다.

새역모는 교과서 출판과 보급을 가장 중요한 목적으로 하여 활동하고 있다. 이미 중학교용 역사 분야와 공민분야 교과서 2001년판과 2005년을 후소샤(扶桑社)를 통해 출판했고 2009년부터는 지유샤를 통해 이전 교과서와 동일한 교과서를 출판하고 있다. 2009년 말 새역모 홍보 자료에 의하면 전국 17개소에 걸쳐 지방본부를 두고 있으며 일본 전국에서 거두고 있는 회비와 관련 책자의 인세 수입을 재원으로 하여 활동하고 있는 것으로 되어 있다.

　새역모의 지방조직 이외에 경제계나 옛 일본군 관계자 등이 교과서 채택 운동을 지원하고 있다. 히라누마 다케오(平沼赳夫) 혹은 하기우다 고이치(萩生田光一)와 같은 보수층 정치가들로부터 지지를 받고 있고 보수 성향으로 유명한 「일본회의(日本會議)」로부터도 지원을 받고 있다. 보수계 정치가 이외에도 블로그나 게시판 등의 인터넷에서도 지지자들이 보이며 인터넷 논의를 기본으로 하여 혐한류 만화가 만들어지기도 했다. 새역모에 찬동하는 단체 가운데는 보수 성향이 짙은 '동아시아문제연구회', '재일 특권을 허용하지 않는 시민 모임(在日特権を許さない市民の会)', '고노 담화의 백지 철회를 촉구하는 시민 모임(河野談話の白紙撤回を求める市民の会)' 등이 있다. 근래 들어 새역모의 주목할 만한 활동으로서, 2008년 7월 일본 정부에 대해 일본군위안부 문제에 대한 사죄를 촉구한 미국 하원 제121호 결의에 대해 민주당의 '위안부 문제와 난징학살의 진실을 검증하는 모임'과 함께 강한 반발을 표명한 일이 있다.

　이와 함께 2009년 6월 새역모 회장 후지오카 노부카쓰(藤岡信勝)가 이명박 대통령과 권철현 주일대사 앞으로 공개 질문장을 보낸 일이 있다. 질문 내용은 같은 해 4월 지유샤 발행 역사교과서의 검정 합격에 대해 한국 정부가 항의한 것을 둘러싸고, 공표되지 않은 교과서 내용을 사전에 알고 있었는지, 혹은 내용을 모르면서 성명을 발표했는지 등 성명 발표의 경위와 진의를 6월 30일까지 회답해 달라고 하는 것이었다. 이 모임은 질문장에서 "검정은 공표되지 않은 채 행하여지고 있으며 내용은 일본 문부성 이외에는 알 수 없게 되어 있다"고 지적하고 성명 발표의 경위를 추궁하고, 한국 정부가 "과거의 잘못을 합리화하고 미화", "왜곡된 일부 교과서"라는 표현을 사용한 것에 대해서도, 지유샤 교과서 어느 부분의 기술이 이에 해당되는지 구체적

| 2009년 8월 교과서 채택에 관한
후지오카 노부카쓰 회장의 기자회견
(출처: YTN, 2009년 8월 28일 뉴스)

으로 밝히라고 추궁했다. 그리고 마지막으로 "한일 양국의 우호 친선에 반하는 이러한 내정 간섭은 그만둬야 한다"고 주장했다.

현재까지 새역모 교과서를 채택하여 사용하고 있는 학교는 다음과 같다. 2001년 8월에 공립학교로 도쿄도립 양호학교(東京都立 養護学校) 2개교가 역사와 공민 교과서를 채택했고, 에히메현립 양호학교(愛媛県立 養護学校) 2개교와 농아학교 2개교가 역사 교과서만을 채택했다. 사립학교로는 7개교가 역사 교과서만을, 2개교가 공민 교과서만을 채택했다. 2002년 8월에는 공립학교로 에히메현립 중고 일관교(愛媛県立 中高一貫校) 3개교가 역사 교과서만을 채택했다. 2004년 8월에는 도쿄도립 중고 일관교(東京都立 中高一貫校) 1개교가 역사 교과서만을 채택했다. 2005년 8월에는 도쿄 스기나미구(東京都 杉並區) 교육위원회가 역사 교과서를 채택하기로 했으며 도쿄도립 중고 일관교(東京都立 中高一貫校) 3개교가 추가로 새역모 역사 교과서만 채택하는 데 합류했다. 그리고 2009년 8월에는 에히메현 이마바라시(愛媛県 今治市)와 오치군 가미지마초(越智郡 上島町) 교육위원회가 새역모의 역사 교과서와 공민 교과서 채택을 결정했다. 아울러 2009년 8월 요코하마시(横浜市)에서 8개 구(區) 교육위원회가 내년에 지유샤 출판한 역사 교과서를 채택하기로 결정했다. 이렇게 되면 새역모 교과서의 채택

| 2009년 5월 동북아역사재단에서 열린 역사교과서 문제 관련 세미나

률이 비로소 1%를 넘게 된다. 일본 사회의 전반적인 보수적 성향에서 전체 인구의 1%가 되지 않을 우익 활동가들이 과거 군주주의로의 회귀를 의심하게 만드는 반동적인 움직임으로 상징되는 것과 만찬가지로, 비록 아직은 1% 전후의 미약한 채택률에 불과하다고 하더라도 새역모 교과서는 일본과 주변국의 상호 협력 분위기를 위협하는 상징적인 걸림돌이 되고 있다.

또 다른 한편으로 일본 사회에는 이러한 새역모 활동에 반대하며 올바른 역사인식을 교육하자고 하는 교육자와 시민단체가 다수 존재하는 것도 잊어서는 안 된다. 최근의 사례로, 일본의 중학교 학생들에게 일본의 침략 역사를 교육했나는 이유로 교사 직책에서 해고당한 미스다 미아코(増田都子)의 투쟁 움직임을 소개하고자 한다.

그녀는 노무현 대통령의 2005년 3·1절 기념사를 사회 수업시간에 활용하고 '진정한 화해를 위해 일본인들은 무엇을 하지 않으면 안 되는 것일까'에 대해 학생들과 지상토론을 한 뒤, 그해 8월 도쿄도 교육위원회로부터 경고처분을 받았으며 9월에는 장기연수 처분을 통해 수업할 기회를 박탈당했다. 이어 2006년 3월에는 '공무원 부적격'으로 면직 처분을 당함으로써 33년간

| 2009년 8월 수원에서 열린
시민단체 워크숍에 참석한 마스다 미야코

의 교직생활에서 밀려났다. 그 해 9월 그녀는 자신을 지지하는 시민단체와 함께 면직 처분 취소를 요구하는 소송을 제기했다.

2009년 6월 11일 도쿄지방재판소 민사부는 원고 패소 판결을 내렸다. 제소 이래 2년 9개월 만의 일이다. 마스다가 도쿄도 의회와 '새로운 역사교과서'를 가리켜, "국제적으로 부끄러움을 드러내기만 하는 역사인식", "역사 위조주의자들", "침략을 정당화 하는 교과서로서 역사 위조로 유명한 새로운 역사교과서" 등으로 비난하며 중학생들을 지도한 것은 분명히 객관성 없이 특정인을 비방한 행위라고 하며, 그녀에 대한 면직 처분은 정당하다는 판결을 내린 것이다. 이 판결이 나온 직후 그녀는 성명을 내고 "이러한 부당한 판결에 의해 평화교육과 민주교육이 앞으로 더욱 압박을 당할 것을 깊이 우려함과 동시에 일본국헌법의 이상 실현을 위하여 양심 있는 사람들과 함께 최후까지 계속 싸워가겠다"고 했다. 그녀의 홈페이지에는 사회인을 대상으로 하는 역사 교육과 전단지 배포 등을 통해 도쿄도와 투쟁하고 있는 모습이 잘 나타나 있다.[14]

---

14 www.masudamiyako.org.

7

전후처리 관련 일본 사법부의 입장

1990년대에 들어서부터 일본 정부를 상대로 전후보상을 요구하는 소송이 제기되기 시작하여 오늘날에도 수십 건이 판결을 기다리고 있다. 소송에서 원고로 나서고 있는 피해자 가운데는 타이완, 필리핀, 인도네시아, 네덜란드 등의 국민들도 있지만 한국인 피해자들이 압도적으로 많다. 일본 정부는 청구권협정의 조항을 들어 전후 보상 문제가 모두 해결된 것으로 주장하고 있다.

그런데 일본 사법부의 입장은 기본적으로 이런 일본 정부의 손을 들어주고 있지만 시간이 흐름에 따라 약간씩 입장 변화를 보이기도 했다. 일본 사법부의 입장 변화는 피해자 보상의 측면에서 현실적인 대응책을 모색하는 데 중요한 변수가 되고 있다. 이에 대해서는 다년간 관련 재판에 피해자 변호를 위해 활동해 오고 있는 야마모토 세이타(山本晴太) 변호사가 정리 발표한 글을 주로 인용하면서 간략하게 정리하고자 한다.[15] 그는 전후보상 관련소송 전반에 걸쳐 원고 측 주장에는 대체로 '국가 무답책', '시효 및 제척기간', '청구권 포기'라고 하는 세 가지 법률적 어려움이 있었는데, 2000년에 들어 일본 사회의 변화와 함께 이러한 법률저 논전에서 변화가 발생하고 있다는 것을 지적하고 있다.

먼저 '국가 무답책'이란, 국가배상이 현행 일본국 헌법에 의해 나중에 창설된 제도이기 때문에 과거 제국헌법하에서 발생한 국가의 불법행위에 대해 배상책임을 지지 않는다고 하는 일본 사법부의 판례 이론이다. 이 이론

---

15 山本晴太, 「法律的論点からみた戦後責任裁判小史」, 『우키시마호 사건 관련 한일 전문가 포럼』(일제강점하강제동원피해진상규명위원회 조사3과, 2008년 5월 16일) 발표문집.

을 회피하기 위해 당초 원고 측은 국내법의 불법행위라는 주장을 피하고 헤이그 조약 등 국제법상 직접 배상을 청구하는 주장을 하거나, 전쟁피해를 방치한 것이 현행 일본 헌법의 전문(前文)과 인권 조항에 비추어 안전배려 의무 등의 계약책임을 위반한 불법행위라고 주장해 왔다. 이에 대해 일본 정부는 개인은 국제법의 주체가 될 수 없다고 주장하는가 하면 국내법적으로는 궁극적으로'국가 무답책'에 의해 국가가 책임을 지지 않는다고 주장해 왔다.

'시효 및 제척 기간'이란, 불법행위의 경우 시효는 3년, 원용(援用)이 필요 없는 제척기간이 20년, 채무불이행이라고 해도 시효 10년을 말한다. 따라서 전후 46년이 지난 문제에 대해 보상의 의무가 없다는 것이다. 앞에서처럼 원고 측이 국제법에 의한 보상청구를 주장한 것은 '국가 무답책'과 함께 '시효 및 제척 기간' 주장을 회피하기 위해서였다. 그런데 일본 정부는 90년대에는'시효 및 제척 기간' 적용을 하지 않았다. 그것은 '국가 무답책' 주장으로도 충분히 승소할 수 있다는 판단과 함께, '시효 및 제척 기간'을 적용한다는 것이 일단 성립한 배상청구권이 소멸되었다는 것을 의미한다는 판단에서였다. 그 결과 사법부가 나서서 제척 기간을 적용하고 원고 측 청구를 기각시킨 지방법원 판결 1~2건을 제외하고는, '시효 및 제척 기간'은 소송에 있어서 논의 대상이 되지 않았다.

또한 '청구권 포기' 주장은 샌프란시스코강화조약이나 일소공동성명, 한일청구권협정 등으로 배상 청구권이 포기되었다고 하는 주장이다. 1980 년대까지는 한국인 피해자 문제가 언론에 떠오르게 되면 일본 정부는 반드시 '한일청구권협정으로 해결됐다'는 설명을 반복해 왔다. 이 때문에 재판에서 한국인 피해자들이 패소하는 주된 원인이 청구권협정에 있는 것으로 보도되는 일이 많았다. 그러나 실제로 90년대까지 관련 재판에서 일본 정부가

협정에 의한 청구권 포기를 주장한 일은 없다. 그것은 시베리아 억류 일본인 군인 문제로 인한 소련과의 관계, 원폭피해자 문제로 인한 미국과의 관계 등에 있어서, 일본 정부가 일본 국민에 대해 '조약이나 협정을 통해 포기한 것은 외교보호권뿐이며 개인의 청구권까지 포기한 것은 아니다'라고 하며 자국민에 대한 보상의무를 부인하는 입장에서 볼 때, 논리적 정합성에 문제가 발생하기 때문이었다.

1990년대 관련 소송에서 피해자가 일본 정부에 대해 대부분 전면 패소하는 가운데 일부 재판에서 원고 측 청구를 부분적으로 인정하는 판결이 나왔다. 우기시마호(浮島丸) 소송의 일심 판결이 그 대표적인 예가 되고 있다. '국가 무답책' 논점에 대한 정면적 판단을 회피하면서 원고 측의 예비적 주장인 계약책임을 다른 부분에서 인정하는 판결을 내린 것이다. 즉, 우키시마호 침몰 사건과 관련하여 '여객운송 계약과 유사한 계약'이 성립했다고 함으로써, 안전배려 의무 위반 내용이 원고 측에게 입증 책임이 있다고 하는 계약책임론의 난점을 해소하고자 한 것이다.

2000년대에 들어 일본 사회가 전반적으로 급격하게 보수화 하는 가운

| 일본 정부에
전후보상을 요구하는 시민단체

데, 전쟁 피해자들이 재판에서 종래와는 달리 정면으로 '국가 무답책' 주장에 대한 반론과 추궁으로 임하기 시작했다. 여기에다가 중국인 피해자들이 대거 일본 국내에 입국하여 소송을 제기하면서 일본 정부의 불법행위를 정면으로 주장하는 움직임을 보였다. 여기에 일본 사법부 하급심에서 '국가 무답책' 주장에 대한 재고(再考)와 원고 승소 판결이 나오게 되자, 일본 정부는 2001년경부터 '시효 및 제척 기간' 주장을 내세우게 됐다. 나아가 재판부가 '국가 무답책'을 부정하는 판결을 내놓기 시작하자 이제 일본 정부는 '청구권 포기'를 주장하고 나왔다. 때마침 한국인 피해자가 미국의 법정에 제기한 소송에서 일본 정부와 미국 정부는 공통적으로 이 문제가 한일청구권협정을 통해 해결되었다고 하는 견해에서 일치를 보였다. 이때부터 한국인 피해자의 청구 소송에 대해 일본 정부는 청구권협정에 의해 '재산, 권리 및 이익'뿐 아니라 '청구권' 자체에 대해서도 청구할 수 없게 되었다고 주장하기 시작한 것이다.

그런데 일본 정부의 '청구권 포기' 주장에는 외국에 대한 자국민의 청구에 관한 설명과 일본 정부에 대한 외국 국민의 청구에 관한 설명이 다르다고 하는 모순이 존재한다. 결국 이러한 이율배반적 해석과 적용은 일본 정부가 전후처리 문제에 지극히 반동적이라는 것을 잘 나타내고 있다. 2000년대에 들어 일부 재판에서 일본 정부의 '시효 및 제척 기간' 주장이나 '청구권 포기' 주장에 반하는 판결을 내놓는 적이 있다. 예를 들어 2004년 3월 니가타(新潟)지방법원은 중국인 강제연행 피해자의 청구를 전면적으로 인정하고 국가와 기업에게 손해배상을 하도록 한 것이 그것이다.

그러면서도 한편으로 2007년 4월 일본 대법원이 중국인 '위안부' 소송과 강제연행 피해 소송에서는 '청구권 포기' 주장을 인정하고 원고 측 청구를 기각하는 판결을 내렸다. 일본 사회의 보수화 경향에 일본 사법부가 영합하는 반동적인 입장을 취한 것이다. 이에 대해 야마모토 변호사는 "전후책임 재판은 죽었다"고 평가하고 있다. 2007년 일본 대법원의 판결에 맞추어 이후 한국인 피해자에 의한 전후보상 청구 소송에서 일본 사법부는 일률적으로 기각 판결을 내리고 있다. 예상컨대 앞으로 일본 정부는 물론 일본 사법부에서도 전후처리에 대한 전향적 변화를 기대하기란 어려울 것으로 본다.

8

일본 국민의 한국에 대한 친밀감

2009년 12월 일본 내각부는 2009년 '외교에 관한 여론조사' 결과를 발표했다. 일본 외무성은 대외관계에 대한 일본 국민들의 의식을 파악하여 외교정책에 참고하겠다는 취지로 1978년부터 매년 10월에 여론조사를 실시하고 있다. 조사 항목으로는 ① 일본과 주요 외국과의 관계, ② 경제협력, ③ 유엔에서 일본의 역할, ④ 대외경제관계, ⑤ 해외 일본인 보호, ⑥ 일본의 과제 등이다. 일본 전국에 거주하는 20세 이상의 일본인 가운데 3000명을 무작위로 추출하여 지난 10월 15일부터 25일까지 전문 조사기관의 조사원이 개별 면접을 통해 청취하고 기록하는 방식을 취했다. 대상자 3000명 가운데 1850명으로부터 유효한 회답을 얻어낸 것으로 발표되었다.

조사 결과에 따르면 2008년에 비해 미국, 러시아, 중국, 한국에 대한 친밀감과 이들 국가와의 외교관계가 좋아진 것으로 나타났다. 미국에 대한 친밀감이 2008년의 73.3%에서 78.9%로 상승했고, 러시아는 13.0%에서 15.4%로, 중국은 31.8%에서 38.5%로, 한국은 57.1%에서 63.1%로 상승했다. 또한 미국과의 외교관계를 양호하다고 평가한 것이 2008년의 68.9%에서 81.8%로 상승했고, 러시아는 20.5%에서 21.7%로, 중국은 23.7%에서 38.5%로, 한국은 49.5%에서 66.5%로 상승했다. 인도, 오세아니아 국가, 중동 국가들과의 관계에 관한 평가가 약간 나빠진 것과 비교할 때, 2009년 일본과 주변국과의 외교관계에 관한 일본 국민들의 평가는 전반적으로 좋아졌다고 할 수 있다.[16]

---

16 http://www.cao.go.jp/survey/h21/h21-gaiko/2-1.html.

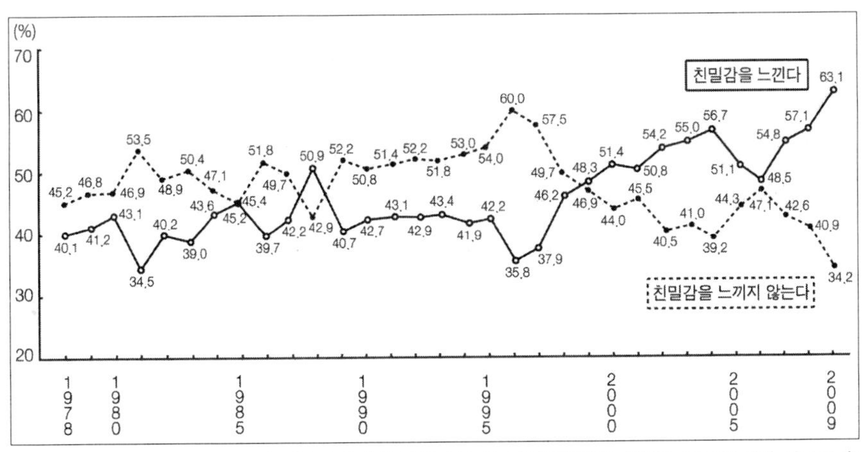

| 한국인에 대한 일본인의 친밀도 변화(일본내각부, 외교에 관한 여론조사)

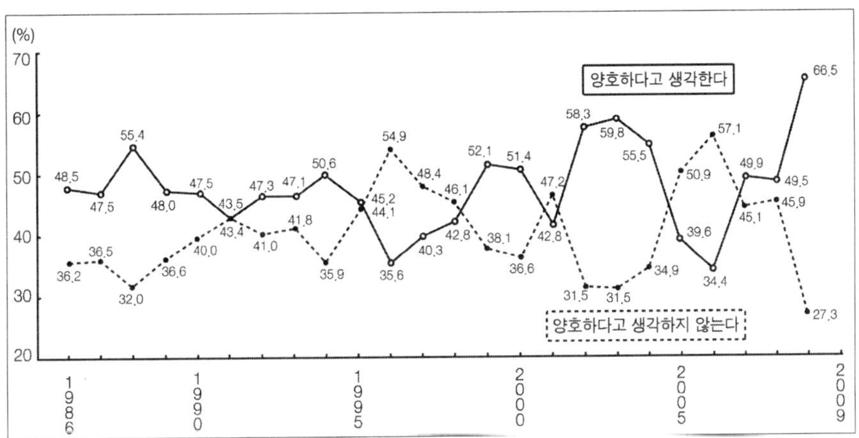

| 한일관계에 대한 일본인의 평가 변화(일본내각부, 외교에 관한 여론조사)

주변국 가운데서도 한국과의 외교관계에 대해서는 특히 좋아진 것으로 나타났다. 한국에 대한 친밀감은 중국에 이어 두 번째로 높은 6.0%의 상승폭을 나타냈으나, 한일관계에 대한 양호도 평가에서는 중국보다도 높은 17.0%의 상승폭을 보였다. 한국에 대한 친밀감 63.1%는 이 조사가 개시된

1978년 이래 가장 높은 수치다. 한편 "친밀감을 느끼지 않는다"고 대답한 비율 34.2%도 역대 가장 낮은 수치다. 뿐만 아니라 한일관계에 대해 "양호하다고 생각하지 않는다"고 대답한 27.3%도 역대 가장 낮은 수치로 양호하다 대답 66.5%와의 차이에서 무려 39.2%의 차이를 보였다.

이처럼 한국에 대한 일본인의 친밀감이나 한일관계에 대한 양호도 평가가 높아진 이유로는 2009년 하반기에 들어 독도 문제나 역사교과서 문제와 같은 영토 혹은 역사인식 문제를 둘러싼 외교적 불협화음이 일어나지 않았기 때문으로 보인다. 특히 2008년 7월에 독도 문제가 양국 언론을 달구었던 것과 같은 일이 2009년에는 발생하지 않았기 때문이다. 기본적으로 한국의 MB정부와 함께 2009년 9월에 출범한 일본의 민주당 정부가 공통적으로 주변국을 배려하는 신중한 외교에 나서고 있기 때문이며, 여기에다가 한류 드라마와 한국 관광 붐 등으로 양국 사이에 민간 교류가 끊임없이 확대되고 있는 것도 중요한 요인이 되고 있다.[17] 약간 과열된 양상이 보이기는 하지만, 양국 관계에 대한 긍정적인 평가 추세는 양국 정부의 외교적 기조가 흐트러지지 않는 한 당분간 지속될 것으로 보인다.

한 가지 부연하고 싶은 것은 일본 국민의 여론조사 결과를 통해 한일관계와 북일관계가 전혀 별개의 국가관계로 인식되고 있다는 점이다. 과거 한국의 참여정부가 비교적 남북 화해를 적극적으로 추진했던 시기에는 일본국민의 한국에 대한 인식이 그다지 긍정적이지 않았던 것을 상기할 필요가 있다. 특히 북한의 '일본인 납치' 문제에 관한 인식에 있어서 일본 국민들은 한국 국민에 비해 지극히 민감하다. '납치' 문제에 비협조적인 북한에

---

17 2009년 말 조선일보는 여론조사 결과를 통해 한국 국민의 38.4%가 일본에 대해 "친밀감을 느낀다"고 하여, 1995년의 26.0%에 비해 좋아졌다고 평가했다(「조선일보」 2010년 1월 2일). 그러나 한국인의 대일 친밀감은 일본인의 대한 친밀감에 비해 여전히 냉담하다고 할 수 있다.

대해 한국이 적극적인 화해의 모습을 보일 때, 일본 국민의 한국에 대한 인식은 나빠질 수도 있다. 이번 여론조사에서도 북한에 대한 관심사를 물은 결과, '납치' 문제라고 대답한 비율이 86.7%로 가장 높았고, 이어서 핵문제 76.8%, 미사일문제 67.3%, 정치체제 42.2% 순으로 나타났다고 한다.

_9_
교토 조선학교에 대한 일부 일본인의 만행

2009년 12월 교토(京都)에서 우익 단체가 재일동포 민족학교에서 난동을 피우는 동영상이 나돌았다. 12월 4일 '재일외국인 특권을 허용하지 않는 시민의 모임'(약칭, 재특회)에 소속된 청년 10명이 교토 조선제1초급학교 뒷문에 몰려와 확성기를 통해 학생과 교사들을 상대로 하여 "간첩 자식들", "일본에서 내쫓아라" 등의 욕설을 퍼붓는 모습을 보였다. 뿐만 아니라 이들은 조선학교가 일반 공원을 '불법점거'하고 있다며 학교와 공원을 연결하는 스피커 전선을 절단하는가 하면 학교 소유 단상을 옮겨 교문 쪽으로 내던지기도 했다. 이들은 공원을 조선학교가 무단으로 사용하고 있는 데다가 시 당국이 이를 방치하고 있어 자신들이 직접 행동에 나섰다고 주장했다. 제1초급학교는 교토시와 마을주민회의 협의를 거쳐 승인을 받아 1960년대부터 학교 바로 옆에 있는 공원을 학생들을 위한 운동장으로 사용해 오고 있다.

공원을 학교 시설로 사용하고 있는 것에 대한 항의라고 하지만 그것은 핑계이며 이민족 배척의 구실에 불과하다. '납치' 문제, 미사일 발사, 핵개발 등으로 북한에 대한 일본 사회의 혐오감이 이러한 폭거로 나타난 것이다. 이번 난동을 일으킨 재특회 단체는 총련뿐 아니라 민단에 대해서도 혐오감을 드러내고 있다. 특히 정주외국인의 지방참정권을 요구하고 있는 민단의 요구에 대해 이들은 공식적으로 반대의 목소리를 높이고 있다. 이번에 조선학교 앞에서 이들이 내뱉은 폭언은 21세기에 들어서도 평화로운 일본 사회의 일각에는 여전히 이민족 특히 재일한국·조선인에 대한 뿌리 깊은 멸시와 차별이 존재하고 있음을 보여준 것이다. 오늘날 일본인의 한국에 대한 호감도가 매우 좋아지고 있다고는 하지만 그것이 곧바로 재일한국·조선인에

| 교토조선초급학교에서 난동을 피우고(왼쪽) 재일외국인 참정권 반대를 주장하는 '재특회' 회원(오른쪽)

대한 호감도로 이어지지는 않는다는 점도 잘 보여주었다. 이번 난동을 지켜본 조선학교 교사들은 물론 어린 학생들은 과거 민족 차별의 암울한 역사가 바로 눈앞에 되살아나고 있는 섬뜩한 현실을 목격한 것이다.

재특회 단체는 일본의 대표적인 보수계 시민단체로 2007년 1월에 발족했다. 발족 후 3개월 만에 1000명이 넘는 회원이 모였으며 2009년 12월 현재 회원수가 7000명 이상이 되는 것으로 알려지고 있다. 이들은 "민족차별을 이용한 특권의 요구 또는 한국과 재일한국·조선인에 의한 역사 위조를 중지시켜야 한다"고 주장하고 있다. 그리고 재일한국·조선인이 일본 정부에 대해 복지급부금이나 생활보호를 요구하는 것에 대해 비판하고 있다. 이들은 재일외국인 참정권 문제는 물론 불법체류자 문제 등에 대해 비판적이며, 길거리에서 선전과 데모를 통해 '외국인은 나가라'라고 하는 주장을 서슴치 않고 있다. 이들은 2009년 9월 13일부터 10월 10일까지 삿포로에서 오사카까지 전국에 걸쳐 외국인 참정권 반대 릴레이 데모를 벌인 것으로 유명하다. 같은 해 11월 1일에는 도쿄 조선대학교를 방문하여 학교 앞에서 시위를 벌이기도 했다.

재특회의 회장 사쿠라이 마코토(櫻井誠)는 대표적인 혐한류 작가이며

'동아세아문제연구회' 대표도 맡고 있다. 2005년에 "만화 혐한류"의 해설본 "혐한류 실천 핸드북"을 출간했으며 2006년에 "혐한류 실전 핸드북 2"를, 2009년에는 "반일 한국인 격퇴 매뉴얼"을 내놓았다. 그는 대중서적을 통해 한국뿐 아니라 중국에 대해서도 혐오감을 드러내고 있다. 2006년에 "만화로 이해하는 중국 100의 악행", 2008년에 "또 중국이냐! 90분에 이해하는 중국 악행"을 내놓았다. 스스로를 역사연구가라고 자칭하고 있지만 학술지에 연구결과를 발표한 일은 없다.

재특회의 교토 만행에 격분한 재일동포 연구자 한 명이 2009년 12월 13일 한국의 시민단체에게 협력을 요청하는 서신을 보내왔다. 그 일부를 아래에 인용한다.

안녕하세요. 저는 일본에서 나서 자란 2세이며 초등학교부터 대학까지 조선학교에서 교육을 받았습니다. 저희 아이들 역시 초등학교로부터 고등학교까지 조선학교에서 배우게 하였습니다. 일본이란 민족배타주의가 판을 치는 환경 속에서 우리 재일동포들은 민족에 대한 끝없는 사랑과 자긍심을 안고 우리 민족의 미래와 통일 조국을 실현하기 위하여 살아왔습니다. 우리의 아이들이 자존심을 안고 살아가게 하기 위하여 우리 재일동포들은 그들에게 민족의 얼을 심어주고 우리의 민족문화를 계승하게 하기 위하여 조선학교를 짓고 민족교육을 실시했습니다.

수많은 동포들의 노력과 애씀에 의하여 천금보다 귀한 인재가 이 일본 땅에서 키워졌고 이들은 우리 동포사회뿐만 아니라 지금 남북 조국과 일본을 비롯한 세계의 많은 곳에서 활약하고 있습니다. 이는 재일동포뿐만 아니라 일본의 많은 벗들이 우리를 도와주었고 남북의 많은 분들의 아낌없는 도움이 있었기에 이룰 수 있었던 것입니다.

그런데 지난 12월 4일 너무나도 가슴 아픈 일이 일본 교토의 조선학교에서 일어 났습니다. 일본의 배타주의자들의 집단 '재일외국인 특권을 허용하지 않은 시 민의 모임' 멤버들이 조선학교 앞에 몰려와 학교와 우리의 보물 같은 아이들을 향하여 입에 담지도 못한 욕을 내뱉고 퍼부었습니다.

저는 한 인간으로서, 일본에 사는 동포이자 일본의 주민으로서 그들을 절대로 용서할 수가 없습니다. 이는 민족적 배타주의 성격을 띤 테러 이외에 아무것도 아닙니다. 일본의 배타주의자들은 조선학교에 와서 우리를 모욕했지만 이 모 욕적인 말들은 단순히 이 학교에 대해서만 향해진 것이 아닙니다. 우리 민족을 모욕하고 우리 민족을 말살하려고 던져진 것입니다.

일본의 많은 우리의 벗들을 모욕하고 따뜻한 정으로 이어진 교류와 우정에 찬물 을 끼얹는 이런 자들을 일본 미디어는 취급조차 하지 않고 있으며 일본 정부는 입을 다문 채 아무 대책을 취하려고 하지도 않습니다.

온 세계 우리 동포들, 아래에 소개하는 글을 우리말과 영어로 번역하였습니다. 많은 우리 동포들에게 이 사실을 알리고 일본 정부와 일본의 미디어에 압력을 가하는 데 협력하여 주십시오. 그리고 오늘도 공포에 떨리며 눈물을 흘리는 아이들에게 격려의 말을 보내주십시오. 하나의 조국, 하나의 민족으로 더 당당 히 살아갈 미래를 만들어 가기 위하여 저희들은 앞으로도 온갖 노력을 아낌없이 해 나갈 것입니다.

Ⅳ. 재일동포의 역사와 현실

_1_
재일동포 사회 형성과 변천의 역사

식민지 이전에 일본에 건너간 조선인 가운데는 유학생이 많았으며 아직 한반도에서 일본을 이주 지역으로 생각할 만한 사회 환경이 형성되어 있지 않았다. 그러나 비록 재일동포 사회라고 불릴 만큼의 집단은 아니라고 하더라도 개별적으로 일본으로 건너가 그곳에서 정착했을 것으로 보이는 소수 조선인 노동자들이 있었다.[1] 식민지 병합 이전의 재일동포들은 개별적으로 또는 산발적으로 일본 각지에 흩어져 거주했으며 아직 그들만의 사회를 구성하기에는 미미한 수에 지나지 않았던 것으로 보인다. 따라서 이들을 정치적 주체로서의 민족, 즉 오늘날 재일동포 사회의 원형으로 간주하기는 어렵다. 그렇다고 해서 이들을 식민지 시기 재일동포 사회 형성에 전혀 영향을 주지 않은 존재로 보아 넘기기도 어렵다. 또한 정주 가능성이 높은 조선인 노동자들이 있었다고 하는 자료는 있으나, 이들이 당시에 주관적으로 어떠한 정체성을 가지고 있었는지를 파악하기는 어렵다. 정치적으로 그 정체성을 규정하기 곤란한 존재로서, 이들의 일본 사회 정착 여부에 관계없이 이들의 삶의 방식이 정책적 고려 대상이 되지 않는 미미한 존재였다고 할 수 있다.

일본의 한반도 식민통치가 시작되고 집단적으로 조선인의 일본 이주가 시작되면서 이와 함께 재일동포 사회가 형성되기 시작하였으며 그들이 주관적으로나 객관적으로 정치적 정체성을 가지게 된다. 역사학계에 널리 알려지고 있는 바와 같이 조선인들의 집단 일본 이주를 부추긴 것으로 다음과 같은 요인을 들 수 있다. ① 식민지 시기 한반도 농촌에 있어서의 만성적인

---

1 小松裕, 『韓国併合前の在日朝鮮人』(明石書店, 1994).

| 1920년대 오사카항에 상륙하는 조선인

경작지 부족, ② 토지조사사업이나 산미증식계획 등으로 인한 소작인들의 생활환경 불안, ③ 몰락 농민들의 대량 노동력을 흡수할 만한 한반도 내 노동시장의 부재 혹은 부족, ④ 한반도에서 가까운 일본의 입지 조건, ⑤ 비록 관리 통제가 수반되기는 했지만 갈수록 발달해 가는 한반도와 일본 간의 연결 교통수단, ⑥ 한반도에 비해 상대적으로 높은 일본 노동시장에서의 임금, ⑦ 일반 일본인들이 기피하는 직종에서 저임금 고효율 조선인 노동자의 환영 등이 그것이다.[2]

1937년 7월의 중일전쟁 반발과 함께 중국본토에서의 전선이 확대됨에 따라, 일본제국은 병력과 산업노동력의 보충을 위해 식민지 조선의 인원에 대한 동원을 필요로 하게 되었다. 한편 1939년 7월 내무성과 후생성의 차관

---

2 外村大, 『在日朝鮮人社会の歴史学的研究: 形成・構造・変容』(綠蔭書房, 2004).

| 훗카이도 탄광에 동원된 조선인 노무자

명의에 의한 통첩 「조선인 노무자 내지(內地) 이주에 관한 건」에 의하여, '모집' 방법에 의한 조선인 노무자의 이입이 시작되었으며, 태평양전쟁 중이던 1942년 2월 각료회의에서 결정된 「조선인 노무자 활용에 관한 방책」에 기초하여, 조선총독부의 「조선인 내지 이입 알선 요강」이 만들어지고, '관알선' 방식에 의한 조선인 노무자의 일본 이입이 단행되었다. 나아가 1944년에 들어서는 「반도인 노무자의 이입에 관한 건」 등 두 차례에 걸친 각료회의 결정을 거쳐, 같은 해 9월부터 '일반 징용' 방식에 의한 조선인 노무자의 이입이 추진되었다.

일본 패전에 따른 조국의 해방과 함께 한편으로 재일동포들은 활발한 귀환 움직임을 보였으며 다른 한편으로는 민족단체 활동을 통하여 '해방민'으로서 새로 건설될 한반도 '국가체'에 대한 강렬한 귀속의식을 내보이게 되었다. 게다가 생활조건의 열악함은 재일동포들을 대거 한반도로 귀환하게 하는 요인이 되었다. 1944년 말 시점에 일본에 체류 거주하던 조선인 총수가 193만 6843명이고, 1947년 9월 일본국 내무성의 조사에 의한 재일조선인 수가 총 52만 9907명이었던 것을 감안하면, 약 140만 명의 사람들이 해방 직후 일본에서 한반도로 귀환해 왔음을 알 수 있다. 해방 직후 재일동포 사회에는 수많은 민족단체가 결성되었는데, 그중에서 두드러진 활동을 보인 단체로서 '조련'(재일본조선인연맹)과 그 산하단체, '건청'(조선건국촉진청년동맹), '건동'(신조선건설동맹), '민단'(재일본조선거류민단) 등을 들 수 있다. 이 중에서 '조련'은 가장 먼저 결성되고 1949년 해산될 때까지 가장 많은 산하 조직과 조직원을 두고 있었다. '조련' 이후 오늘날에 이르기까지 재일동포 민족단체는 전반적으로 일본 사회의 거주민으로서의 속성과 한반도 국가의 재외국민으로서의 속성을 함께 보이고 있다.

오늘날 재일동포 사회의 움직임 가운데는 무엇보다도 전반적으로 민족성 약화 현상이 두드러지게 나타나고 있다는 점을 지적할 수 있다. 일본 정부가 1985년에 국적법을 종전의 부계혈통 중심주의에서 부모양계 혈통주의로 개정하고부터 일본 국적 취득이 용이해진 데다가 여기에 재일동포 1세에 비하여 2·3세대 이후에는 민족의식이나 역사의식이 희박해지고 있어, 앞으로 점차 그 수가 더욱 감소해 갈 것으로 보인다. 해마다 재일동포끼리 결혼하는 수는 감소하고 있는 반면에 일본인과 결혼하는 동포 젊은이들이 많아지고 있다. 이와 함께 일본에 귀화함으로써 한국적이나 소선석에서 이탈하는 사람이 많은 것도 재일동포 감소의 중요한 요인이 되고 있다. 1952년 한 해에 재일동포 232명이 일본 국적을 취득한 것을 시작으로 점차 대체로 귀화하는 사람의 수가 늘어났으며 1995년부터는 그 수가 1만 명을 넘기 시작했다. 일본 국적을 선택하는 이유로는 무엇보다도 일본에서 생활하는 데 외국인으로서 생활의 불편을 느끼기 때문으로 보이며, 이 외에도 일본 정부에 의한 귀화 요건의 완화, 계속되는 한반도의 분단 상황, 북한의 체제 문제와 북일관계의 악화 등을 들 수 있다.

　일본에 귀화하는 사람들의 개인적인 정치적 정체성에 관하여 이러한 움직임을 한반도 구성원으로부터 벗어나는 행위로 일률적으로 판단하는 것은 옳지 않다. 하지만 이렇게 계속되는 재일동포 감소 현상은 재일동포 사회에 역사적으로 형성되어 온 민족의식, 즉 본국지향적 정체성이 전반적으로 쇠퇴하고 있음을 분명히 보여주는 것이다. 재일동포의 역사 과정에서 민족의식의 원천이 되었던 일본 사회로부터의 차별이 아직 남아 있는 가운데, 새로운 세대 동포들의 정체성으로서 정보의 세계화 추세에 따라 '탈 국민국가'적 인식을 강조하거나, 더욱더 나아가 정치적 귀속의식을 부정하는 '디아스포라'적 인식을 강조하는 움직임 등이 유행처럼 널리 나타나고 있다. 그와 더불어 일본 사회로부터의 민족차별이 과거에 비해 완화되었다고 하는 현실 인식을 바탕으로 하여, 오늘날 일본 사회와의 적극적인 공생을 주장하는 움직임도 활발하다.

_2_
재일한국인 선거권 문제

2009년 2월 5일 한국의 국회 본회의는 오는 2012년부터 재외국민에게 투표권을 전면적으로 허용하는 것을 골자로 하는 공직선거법, 국민투표법, 주민투표법 개정안을 통과시켰다. 이에 따라 영주권자를 포함하여 대한민국 국적을 가진 19세 이상의 재외국민 전원에게 대통령 선거와 국회의원 비례대표 선거 투표권이 부여되었다. 국내에 주민등록이 있는 해외 일시체류자는 지역구 국회의원 선거에도 부재자 투표 형식으로 참여할 수 있다. 또한 국내 지방자치단체 관할구역에 거소신고를 한 재외국민은 국내 지방선거 참여에서도 투표할 수 있게 되었다. 정치개혁특위를 통과한 후 국회 본회의 의결을 거치기 전에 약간의 논란을 야기했던, 항해 중 선상 투표를 도입하는 문제는 이를 인정하지 않기로 했으며, 다만 선박이 정박한 경우에 한하여 선원들이 부재자 투표에 참여할 수 있도록 했다.

한편 일본의 경우에는 일찍이 1998년에 선거법을 개정하여 2000년 이후부터 만 20세 이상의 재외국민 가운데 재외선거인명부 등록자에게 투표권을 행사할 수 있게 했다. 2005년까지는 중의원과 참의원의 비례대표에 대한 투표에만 국한하고 있었는데, 사법부가 선거구(지역구) 투표 배제는 '위헌'이라는 판결을 내리자, 재외국민에게 선거구에 대한 투표도 행사할 수 있게 했다. 실제로 2007년 7월에 실시된 참의원 통상선거와 중의원 보궐선거에서 처음으로 재외국민의 선거구 투표를 적용시켰다.

재외국민 투표가 국내 정치에 끼치는 영향의 측면에서 볼 때, 일본은 한국에 비해 상대적으로 미약하다. 그럼에도 일본은 한국에 비해 재외국민에게 그다지 관대하지 않은 것 같다. 헌법 개정을 위한 국민투표에서 재외투

| 일본 정부에 지방참정권을 요구하는 재일민단 부인회

표를 인정하고 있지만 대법원 재판관에 대한 국민심사에서는 여전히 재외 투표를 인정하고 있지 않다. 재외국민 투표권 인정 범위에서도 현재 거주하고 있는 국외 국가나 지역에 3개월 이상 거주해야 한다는 조건을 제시하고 있다. 다만 투표 방법에서 비교적 다양한 방법을 인정하여 재외국민의 투표에 편의를 제공하고 있는 것이 돋보인다. 한국이 도입한 재외공관 투표 이외에도 일본은 우편투표를 인정하고 있다. 재외일본국민이 일본에 일시 귀국한 경우 등에는 선거일 당일 투표나 부재자 투표 이외에도 미리 선거일 이전에 명부 등록지 선관위에서 투표를 할 수 있도록 배려하고 있기도 하다.

그럼 재일한국인의 경우, 이번 한국의 재외국민 투표권 부여 조치를 어떻게 받아들이고 있을까. 일시체류자를 포함하여 대략 47만 명의 재일한국인이 재외국민 선거의 대상자가 되는 까닭에, 앞으로 시행될 재외국민 투표가 한국 국내 정치는 물론 재일한국인 사회에 대해서도 큰 영향을 끼칠 것이다. 재일한국인 개개인의 성향이나 거주 조건 등에 따라 개별적으로 받아들이는 정도가 다르겠지만, 전반적으로 재일한국인 사회가 재미한국인 사회에 비해 냉담한 반응을 보이고 있는 듯하다. 재일한국인의 여론 동향

| 2009년 6월 도쿄에서 재일민단 지도자들과 환담하는 이명박 대통령

을 알 수 있는 대표적인 신문으로는 「민단신문」과 「통일일보」를 들 수 있다. 이 신문들이 한국의 선거법 개정 직후 어떠한 보도 양상을 보였는지 간단히 살펴보자.

「민단신문」은 '민단'의 기관지로서 비교적 일본 사회의 변화에 적응하여 생활하는 동포 사회를 대변하고 있으며 정치적 움직임보다는 부드러운 동포 문화를 전달하는 데 주력하고 있다. 그런데 2009년 2월 4일자 「민단신문」을 보면, 한국의 재외국민 투표법에 관한 기사는 보이지 않고, 아이러니하게도 일본의 지방참정권 획득 운동에 관한 기사가 눈에 띈다. 이튿 22일로 예정된 중앙위원회와 23일로 예정된 중앙대회를 앞두고 한 주 전 1월 29일에 열린 '민단' 중앙권익옹호위원회의 회의 내용을 소개하면서, 일본의 중의원 선거를 기회로 하여 지방참정권 획득운동에 최선을 다하겠다는 내용이다.

한국의 재외국민 선거권 부여 소식은 이제까지 '민단'이 조직을 들어 최우선 과제로 추진해 오고 있는 지방참정권 획득운동에 비추어 볼 때, 희소식이 되기 어렵다. 그것은 지방참정권 부여를 반대하는 일본인들에게는 물론, 이에 대해 중도적인 입장을 취하고 있던 일본인들에게도 한국의 재외국민 선거권 부여가 '재일한국인이 한국의 국민이라는 점을 확인하게 하는' 계기가 될 것이 분명하다. 그리고 나아가 한국과 일본 양쪽에서 동시에 참정권을 향유하게 할 수 있는가 하는 인식의 확산과 함께, 지방참정권운동에 대한 일본 사회의 지지 움직임이 쇠퇴할 수도 있다.

한편 한반도 정세에 보다 민감하고 보수적인 성향을 띠는 「통일일보」는 2009년 2월 4일자 보도를 통해 선거법 개정안 내용을 소개하고 재일한국인의 선거와 투표방법을 설명했다. 1997년의 한국 헌법재판소의 '위헌' 판결에 과거 이건우(李健雨) 씨 등 재일한국인 등의 부단한 청원운동이 주효했다는 점도 덧붙였다. 그런데 이 신문은 이번 선거법 개정에 대해 환영하는 표현은 일체 내비치지 않고 있으며 오히려 비교적 비판적인 논조를 사용하고 있다. 이번 개정이 주민등록을 하지 않은 재외국민을 지방 선거, 지역구 의원 선거, 국민투표, 주민투표에서 배재한 것을 들어, "헌법재판소 판결에서 대폭 후퇴한 것"이라고 혹평한 것은 특기할 만하다.

아무튼 이번 선거법 개정으로 만 19세 이상의 재일한국인은 빠르면 2012년 4월에 실시될 국회의원 선거와 그 해 12월에 실시될 대통령 선거에서 투표권을 행사할 수 있게 되었다. 거주 지역을 관할하는 외교 공관으로 도쿄의 대사관과 영사관, 그리고 9개 지역의 총영사관이 있는데, 투표하고자 하는 재외국민은 이곳에서 중앙선관위에 대해 재외국민 선거인 등록을 신청해야 한다. 선거인 등록 기간은 투표일 150일 전부터 60일 전까지이며, 중앙선관위는 30일 전까지 선거인 명부를 확정해야 한다. 투표용지는 선관위가 직접 선거인에게 우송한다. 재일한국인 유권자에 대한 후보자의 선거운동 방법으로는, 일본에서 수신 가능한 위성방송, 라디오, 인터넷을 사용할 수 있으며, 일본에 가서 직접 선거운동을 하는 일은 금지되어 있다.

_3_
재일동포 현황과 한국 정부의 과제

오늘날 민단계 재일동포들이 대한민국 국적을 보유한 채 일본에 대한 지방참정권을 요구하는 일이나, 조선적을 유지하면서 총련 조직을 수호하고자 노력하는 조직적인 운동은 점차 우경 보수화 하는 일본 사회에서 뜨거운 감자가 되고 있다. 그러나 이보다 근본적이고 심각한 문제로서 재일동포 사회 전반에 걸쳐 민족 이탈 현상이 나타나고 있는 것에 주목하지 않을 수 없다. 근래 들어 한국에서 새로 유입되는 소위 '뉴커머'가 증가하고 있기는 하지만, 역사적 의미의 재일동포는 점차 줄어들고 있고 앞으로도 그 수가 더욱 감소해 갈 것으로 보인다.

일본 정부의 '출입국 관리' 자료를 보면, 2007년 말 현재 일본 국내 외국인 등록자가 총 215만 2973명으로 과거 최고를 기록한 것으로 나타났다. 또한 외국인 비율에서도 일본 총인구 1억 2777만 명 가운데 1.7%를 차지하여 과거 최고치를 보인 것으로 나타났다. 그러나 이 수치는 OECD 국가의 평균 외국인 비율이 8%를 넘기고 있는 점을 감안해 보면 그리 높은 것은 아니다. 국적별 외국인 등록자 수를 보면, 2007년에 처음으로 중국인이 대한민국+조선적 인구 59만 3489명을 앞질러 60만 6889명으로 가장 많은 수를 나타냈다. 재일외국인 가운데 중국인이 매년 3~4만 명씩 증가하고 있는 데 반하여 대한민국+조선적 인구는 오히려 계속하여 감소하는 추세를 보이고 있다.

재일동포 인구 가운데 특히 특별영주권자의 감소 현상은 두드러지게 나타나고 있다. 재일외국인 영주권자는 일반영주권자와 특별영주권자로 나뉜다. 일반영주권자는 일정한 요건을 갖추고 영주 허가를 신청하여 허가

재일동포 영주권자 수의 변화

	2001년	2002년	2003년	2004년	2005년	2006년	2007년	2008년
일반 영주권자	34,624	37,121	39,807	42,960	45,184	47,679	49,914	53,106
특별 영주권자	495,986	485,180	471,756	461,460	447,805	438,974	426,207	416,309
계	530,610	522,301	511,563	504,420	492,989	486,653	476,121	469,415

를 인정받은 외국인을 말한다. 이에 비하여 특별영주권자는 일본 패전 이전부터 일본에 거류했던 한반도 혹은 타이완 출신자, 그리고 그들의 자손으로서, 그 역사적 배경을 고려하여 1991년 11월부터 시행된 특례법에 의하여 특별히 안정된 거주 자격을 부여받은 사람들이다. 이들은 특례 조치에 의해 퇴거 강제나 재입국 허가 등에 있어서 일반영주권자보다 훨씬 완화된 규제 조치를 받게 되어 있다. 위의 표에서 보이는 바와 같이 재일동포 특별영주권자 수는 근래 들어 해마다 1만 명 정도 줄어들고 있다. 2008년의 경우 전년에 비해 일반영주권자가 4만 9914명에서 5만 3106명으로 3192명 증가한 반면에, 특별영주권자는 42만 6207명에서 41만 6309명으로 9898명이 감소했다.

이처럼 특별영주권자가 감소하는 이유로는 일본 사회 전반에 걸친 출생률 감소와 같은 자연 감소와 무관하지는 않다. 그러나 무엇보다도 1985년부터 일본의 국적법이 종래의 부계혈통주의에서 부모양계주의로 개정되면서 일본 국적 취득이 쉬워진 데다가 대부분 일본인 배우자와 결혼함에 따라 그 자녀에게 일본 국적을 취하게 하여 대한민국 국적자나 조선적의 자녀가 대폭 감소하고 있기 때문이다. 이와 함께 일본에 귀화함으로써 대한민국 국적이나 조선적에서 이탈하는 사람이 많은 것도 재일동포 감소의 중요한 요인이 되고 있다. 1952년 한 해에 재일동포 232명이 일본 국적을 취득한 것을 시작으로 점차 대체로 귀화하는 사람의 수가 늘어났으며 1995년부터는 그 수가 1만 명을 넘기 시작했다. 일본 국적을 선택하는 이유로는 무엇보다도 일본에서 생활하는 데 외국인으로서 생활의 불편을 느끼기 때문일 것이며, 이 외에도 일본 정부에 의한 귀화 요건의 완화, 계속되는 한반도의 분단 상황, 북한의 체제 문제와 북일 관계의 악화, 한반도 국가 정책에 맹목적으로 추종하는 재일 민족단체의 문제점 등을 이유로 들 수 있다.

일본 국적을 선택하거나 일본에 귀화하는 사람들의 개인적인 움직임을 민족적 정체성을 상실하는 것이라고 일률적으로 판단하는 것은 옳지 않다. 하지만 이렇게 계속되는 특별영주권자 감소 현상은 재일동포 사회에 역사적으로 형성되어 온 민족의식, 즉 한반도 지향적 정체성이 전반적으로 쇠퇴하고 있음을 분명히 보여주는 것임에 틀림없다.

2009년 6월 28일, 도쿄를 방문한 이명박 대통령은 일본 수상과 정상회담을 갖기 전에 주일 대사관저에서 민단 간부를 초청하여 오찬 간담회를 가진 일이 있다. 이 자리에서 민단 간부들은 대통령에게 한국 정부가 재일동포의 권익 신장과 민족교육 지원 강화를 위해 노력해 줄 것을 요청했다. 포괄적이고 함축적인 의미를 담고 있기는 하지만 이들의 요청 사항이 곧 한국 정부가 이들을 끌어안기 위해 수행해 나가야 할 과제라고 할 수 있다.

재일동포의 권익 신장을 대표할 수 있는 것은 일본에서 참정권을 획득하는 것이라고 생각한다. 재일동포들은 내다수가 일본의 지방참정권 획득을 희망하고 있다. 과거 1995년에 일본 최고재판소가 재일외국인에게 선거권을 부여하는 문제에 대해 헌법상 금지된 것이 아니라고 판시한 이후, 민단은 조직을 들어 지방참정권 요구 운동을 전개해 오고 있다. 그러나 관련 법안이 1998년 10월에 처음으로 국회에 제출된 이래 오늘날에 이르기까지 통과되지 못하고 있다. 이에 대해 김대중 정부 이후 한국의 대통령은 일본 수상을 만날 때마다 이 문제를 제기하며 일본 정부에 대해 전향적인 자세를 요청하고 있다. 그럼에도 자민당을 중심으로 하는 반대론이 만만치 않은 가운데 진전을 보지 못하였다. 이에 따라 일본의 정권 교체로 인하여 야당 시절 재일외국인의 참정권 문제에 전향적인 자세를 보여 온 민주당에게 기대하는 바가 크다. 2010년에 들어 민주당이 정기국회에 정주외국인에게 지방참정권을 부여하는 법안을 상정하겠다는 움직임을 보이는 가운데, 일본의 지방자치단체 14곳이 자민당의 요구를 받아들여 지방참정권 부여에 반대하는 의견서를 제출했다.[3]

한국의 재외국민이기도 한 재일동포에게 있어서 본국 참정권 문제도 중요하다. 이와 관련하여 2009년 2월 한국 국회는 재외국민에게 투표권을 허용하는 선거법 개정안을 통과시켰다. 외국 영주권자를 포함하여 대한민국 국적을 가진 19세 이상의 재외국민 전원에게 대통령 선거와 국회의원 비례대표 선거에서 투표권을 부여한 것이다. 따라서 대한민국 국적 재일동포는 빠르면 2012년 4월에 실시될 국회의원 선거와 그 해 12월에 실시될 대통령 선거에서 투표권을 행사할 수 있다. 현 상황에서 일본 사회에 동화되어 가는 재일동포들이 재외국민 투표에 높은 참여율을 보일 것으로 기대하기는 어렵다. 하지만 한국 정부는 최대한 본국 선거에 재일동포를 참여하도록 유도하는 방안을 적극 모색해야 한다. 현재 일본이 다양한 투표방법을 채택하여 그들의 재외국민 투표에 편의를 제공하고 있는 것은 한국에게 타산지석이 되고 있다. 예를 들어 한국이 채택한 재외공관투표 이외에도 일본은 우편투표를 인정하고 있다. 또한 일본은 재외국민이 일본에 일시 귀국한 경우 선거일 당일 투표나 부재자 투표 이외에도 미리 선거일 이전에 명부 등록지 선관위에서 투표를 할 수 있도록 배려하고 있다.

---

3 「朝日新聞」 2010年 1月 8日.

민단 자료에 나타난 재일동포 수의 변화

연도	재일동포 수	연도	재일동포 수	연도	재일동포 수	연도	재일동포 수
1911	2,527	1936	690,501	1961	567,452	1986	677,959
1912	3,171	1937	735,689	1962	569,360	1987	676,982
1913	3,635	1938	799,878	1963	573,537	1988	677,140
1914	3,542	1939	961,591	1964	578,545	1989	681,838
1915	3,917	1940	1,190,444	1965	583,537	1990	687,940
1916	5,624	1941	1,469,230	1966	585,278	1991	693,050
1917	14,502	1942	1,625,054	1967	591,345	1992	688,144
1918	22,411	1943	1,882,456	1968	598,076	1993	682,276
1919	26,605	1944	1,936,843	1969	607,315	1994	676,793
1920	30,189	1945	1,115,594	1970	614,202	1995	666,376
1921	38,651	1946	647,006	1971	622,690	1996	657,149
1922	59,722	1947	598,507	1972	629,809	1997	645,373
1923	80,415	1948	601,772	1973	636,346	1998	638,828
1924	118,152	1949	597,561	1974	643,096	1999	636,548
1925	129,870	1950	544,903	1975	647,156	2000	635,269
1926	143,798	1951	560,700	1976	651,348	2001	632,405
1927	165,286	1952	535,065	1977	656,233	2002	625,422
1928	238,102	1953	575,287	1978	659,025	2003	613,791
1929	275,206	1954	556,239	1979	662,561	2004	607,419
1930	298,091	1955	577,682	1980	664,536	2005	598,687
1931	311,247	1956	575,287	1981	667,325	2006	598,219
1932	390,543	1957	601,769	1982	669,854	2007	593,489
1933	456,217	1958	611,085	1983	674,581	2008	589,239
1934	573,695	1959	619,096	1984	687,135	2009	
1935	625,678	1960	581,257	1985	683,313	2010	

출처: www.mindan.org

민단 간부들이 대통령에게 제기한 또 하나의 요구, 민족교육 지원 강화 문제에 대해서는 복합적인 접근이 필요하다. 해방 이후 재일동포들은 일본에 동화되지 않고 민족적 정체성을 간직하기 위해서는 교육 밖에 없다는 것을 자각하고 민족교육 기관의 설립과 운영에 주력했다. 이러한 사고방식은 오늘날의 어려운 경제적 사회적 환경 가운데에서도 민족학교가 명맥을 유지하고 있는 이유가 되고 있다. 그런데 도쿄와 오사카 그리고 교토에 있는 민단계 민족학교 4곳의 경우 국제화 교육을 통해 그런대로 사회적 변화에 맞추어 생존을 유지해 가고 있지만, 각 지역에 흩어져 거주하는 동포 자제들을 교육하기에는 턱없이 학교가 부족한 실정이다. 현재 한국 정부가 민단계 학교에 교사를 파견하는 등 지원을 하고 있지만 극히 소극적인 수준에 그치고 있다. 장기적으로 보다 많은 학교들이 설립되고 될 수 있도록 재정적인 지원을 아끼지 말아야 하며 단기적으로도 민족학교뿐 아니라 방과 후 혹은 특별활동 시간의 민족학급에도 정규 교사나 교사 지망생을 적극 파견하는 등 다양한 프로그램 지원을 확대해 가야 한다.

_4_

재일동포 지휘자 김홍재

2008년 2월 15일 서울 예술의전당에서는 개관 20주년 특별 프로그램으로 재일동포 지휘자 김홍재(金洪才)와 KBS교향악단, 그리고 프리마돈나 신영옥, 피아니스트 김선욱이 협연하는 화려한 연주 무대가 펼쳐졌다. 김홍재는 현재 울산시향 상임지휘자로 활동하면서 KBS교향악단의 객원 지휘를 겸하고 있다. 그는 음악적 해석에 있어서 남북한과 일본의 동양적 감성을 아우르고 있을 뿐 아니라 서양의 고전음악과 현대음악을 독창적으로 소화해 내고 있는 것으로 평가를 받고 있다. 그의 스승이기도 한 윤이상은 생전에 그의 음악 기법에 대해 "대담하면서도 섬세하고 신비적이면서도 활력 있는 기교와 감성을 겸비하고 있다"고 평가한 일이 있다.[4]

김홍재는 1954년 10월 효고현(兵庫縣)에서 민족학교 교육자였던 아버지 김정민과 어머니 이판생의 둘째 아들로 태어났다. 초급학교에서 고급학교에 이르기까지 조선학교에서 수학했다. 그는 재일동포 2세로 일본으로 귀화하지 않고 2005년 한국 국적을 선택하기까지 '조선적'을 유지해 왔다. 이런 이유로 해외 유학이 곤란했고 해외 콩쿠르에 출전하기도 어려웠다. 지휘사가 되어서도 해외 연주회에 나가려면 여권이 아닌 일본 정부의 여행 허가증을 갖고 다녀야 했다. 그런 그가 어느 인터뷰에서 조선적이기 때문에 겪어야 했던 어려움에 대해서, "물론 조금의 어려움은 있었다. 특히 해외공연을 할 때 여권을 받을 수 없었던 것이 가장 어려운 일이었다. 하지만 그것은 재일동포면 누구나 겪는 것이기에, 또 나는 조선인이기에 당연히 겪어야

---

4 박성미, 『김홍재, 나는 운명을 지휘한다』(김영사, 2000).

지휘자 김홍재

한다고 생각했다. 어쨌든 이렇게 견딘 것이 지금 당당할 수 있는 것 아닌가" 라고 대답했다.

김홍재가 일본에서 세계적인 지휘자로 성장하는 동안 국내에는 거의 알려지지 않았는데, 2000년 10월 "ASEM 축하 예술의 전당 10월 음악제"의 일환으로 서울에서 KBS교향악단과 첫 공연을 가진 후 한국에 널리 알려지기 시작했다. 비슷한 시기 그에 관한 다큐멘터리 책이 국내에서 출판된 이후 몇 번의 국내 연주 나들이를 하면서 더욱 알려졌다. 2004년에는 통영국제음악제의 개막 공연으로 윤이상의 오페라 "유령의 사랑"을 아시아에서 처음으로 연주했으며, 2006년 10월 국립극장에서 개최된 "2006 겨레의 노래던"에서 국립국악관현악단을 지휘했다. 2007년 11월에는 울산시립교향악단의 상임지휘자로 취임했다. 울산문화예술회관은 2009년 교향악 축제와 멘델스존 서거 200주년 연주회, 호반광장 클래식 산책 등에서 보여준 김홍재 지휘자의 능력이 울산시향의 수준을 크게 발전시킨 것으로 평가하고 2011년까지 상임지휘자로 위촉하기로 했다.[5] 『월간조선』 2008년 2월호에는 그의 성장 과정과 음악세계를 상세하게 소개되어 있다. 그 가운데 일부를 인용 소개한다.

김 씨는 외가에서 자라며 피아노를 전공한 큰 외삼촌 이대우, 둘째 외삼촌 작곡가 이철우 씨 등으로부터 영향을 받으며 음악과 친숙해졌다. 김 씨는 고베 조선 중·고급학교에 진학해 취주악반에서 클라리넷을 연구했다. 중학

---

5 「연합뉴스」 2009년 11월 25일.

교 시절 전 일본 민족학교 음악경연대회에 출전하면서 관현악단을 지휘해 보고 싶다는 생각을 하게 됐다. 그 무렵 일본 최고 지휘자 오자와 세이지(小澤征爾)가 지휘하는 것을 보고 지휘자가 되기로 결심을 굳혔다.

고등학교를 졸업하고 김 씨는 일본에서 가장 권위 있는 사립명문 도호(同朋)대학 음대에 진학했다. 새벽 5시면 어김없이 일어나 연습실에 들어갔고 밤늦게 하숙집으로 돌아갔다. 주말에는 연습실에서 틀어박혀 나오지 않았다. 너무 고생해서 늘 영양실조에 시달렸고, 과로로 천식이 도지기도 했다. 이러한 노력을 바탕으로 2학년이 지나면서 두각을 나타내고 졸업하면서 도호음대 오케스트라를 지휘하는 단 한 명의 지휘자로 선발되었으며 오자와 세이지의 지도를 받게 된다. 오자와는 "너는 다른 학생과는 다르다. 너는 대륙적이다", "지휘는 테크닉이나 외형이 아니라 내면이 중요하고, 마음으로 지휘해야 한다"라며 김홍재를 가르쳤다.

하지만 김홍재는 무국적자의 설움을 톡톡히 당했다. 1979년 23살의 김홍재는 생애 처음이자 마지막으로 도쿄국제콩쿠르에 참가했다. 무국적자이기 때문에 외국에서 벌어지는 해외 콩쿠르에 참석할 수 없었던 탓에 도쿄에서 벌어지는 국제 콩쿠르에는 결코 놓칠 수 없는 대회였다. 대회에서 김 씨는 월등한 실력으로 예심을 거쳐 본선에 올랐지만 마지막에 '1등 없는 2등'을 차지했다. 1등에게 주이지는 헤외유학조성금은 일본 국적 입상자에 한해서 주어진다는 조항을 들어 2등으로 할 수밖에 없다는 대회조직위원회의 판단 때문이었다.

해외 유학의 꿈은 물 건너갔지만 김 씨는 특별상인 '사이토 히데오(齊藤秀雄)상'을 수상했다. 그에게 1등상을 주지 못한 대회조직위원회 측의 배려였다. 대학을 졸업한 뒤 겨우 데뷔에 성공한 젊은 지휘자가 '사이토 히데오'상을 타자 일본 언론들은 그를 대서특필하기도 했다. 이후 김 씨는 1986년

1992년 '윤이상 음악의 밤' 연주 후 포옹하는 윤이상과 김홍재

일본에 온 당대 유럽 최고의 음악가 윤이상 선생의 작품을 들은 뒤 충격에 빠진다. 그리고 1989년 윤이상이 살고 있는 독일로 유학을 떠난다. 윤이상은 1967년 동베를린 간첩단 사건에 연루되면서 2년간의 옥고를 치른 뒤 독일에 귀화, 동양적인 선율을 바탕으로 유럽 최고의 음악자로 떠올랐다. 무국적자인 김 씨는 해외 유학이 불가능했지만 일본 클래식계에서 높아진 위상 때문에 가까스로 승낙을 받아냈다. 윤이상은 김홍재를 자식처럼 대했다. 제자들에게는 관대했지만 김 씨에게는 혹독했다. 연주회에 가면 "오늘 연주회에서 그 사람은 어떻게 연주했으며 너는 어떻게 느꼈느냐"고 묻고는 했다.

김 씨는 2000년 10월 드디어 서울 땅을 밟았다. 서울 ASEM축하공연에서 KBS교향악단을 지휘하기 위해서였다. 그리고 한국 국적을 취득했다. 지금껏 살아온 것이 너무 힘들었고 한국 사회가 달라졌기 때문이었다. 김 씨는 "제 아이들까지 고생시키고 싶지 않았어요. 연주여행을 하려면 그때그때 각국 영사관을 찾아 허가를 받아야 했어요. 이젠 자유롭게 음악을 하고 싶습니다. 제 피가 흐르는 조국의 선율을 연주하고 싶어요"라고 말했다.

_5_
제38대 민단단장 박병헌

재외동포포럼은 2009년 3월 19일 오후 박병헌 전 재일민단 단장을 초청하여 한국방송통신대학교 역사관 세미나실에서 '재일동포사회와 한민족의 미래'를 주제로 제3차 포럼을 개최했다. 재외동포포럼은 2008년 말에 이광규 전 재외동포재단 이사장을 대표로 하여 결성되었으며 주요 활동의 하나로 2009년 1월부터 매달 한 차례씩 해외동포 관련 유명 인사의 강연을 듣고 있다. 김덕룡 대통령 특보, 이윤기 해외한민족연구소장에 이어 박병헌 단장이 단상에 섰다. 재일동포 가운데 유독 젊어서부터 민단 조직과 깊은 인연을 맺어 왔으며 오늘날에도 민단 관련 주요 행사에는 거의 빠짐없이 참석하고 있다.

이날 80이 넘은 고령에도 불구하고 박 단장은 힘찬 목소리로 자신의 과거 행적과 조국에 대한 애정을 피력했다. 그리고 1923년의 간토대지진과 1945년의 도쿄대공습, 그리고 일본 사회의 끊임없는 차별 등에 의한 재일동포 수난의 역사를 소개했다. 약 한 시간에 걸친 강연은 지난 2007년에 출판된 자신의 회고록 가운데 중요한 내용을 언급하고 강조하는 형태로 이끌어갔다. 그의 정치적 이념이야 어떠하든 그가 시련과 역경을 극복하고 신념과 의지로 성공적인 입지를 구축했으며 무엇보나도 해외동포로시 조국에 대한 끊임없는 애정을 실천해 오고 있는 것은 오늘날 우리에게 주는 교훈이 매우 크다.

그는 1928년 경남 함양에서 태어나 1939년에 형을 따라 일본에 건너갔다. 도쿄에서 소학교를 졸업하고 공장 기계공으로 일하다가 해방을 맞았다. 그는 제작소에서 일을 하면서도 전문학교를 다니면서 학문의 끈을 놓지 않았다. 전쟁 말기 공습을 피해 잠시 거처를 군마(群馬)현으로 옮겼는데 그는 거기서 해방 이듬해 보수적인 청년단체 조선건국촉진청년동맹 지방 조직에

| 박병헌 단장

| 박병헌 자서전 표지

관여하게 되었고 이로써 그는 민족단체 운동가로서의 긴 여정을 시작하게 된다.

해방 직후 많은 재일동포 청년 조직원들이 경험한 바와 같이 10대 청년인 그도 도쿄에 있는 청년동맹 훈련소에 입소하여 민족의식을 키웠다. 1946년 10월에 민단이 결성되는 데에는 청년동맹의 역할이 컸다. 다만 정치적 이념이나 조직의 이익을 둘러싸고 청년동맹은 진보적인 단체 재일조선인연맹 청년대원들과 잦은 투쟁을 벌였는데 그는 이를 목격하기도 하고 직접 관여하기도 했다. 1949년 그는 메이지(明治) 대학 전문부 법과에 입학하고 재일동포 학생들에 의한 우파적 단체 '재일한국학생동맹'에 들어가면서 특히 좌파적 단체 '재일조선학생동맹'과 좌우 이념에 의한 치열한 대립의 현장에 뛰어들었다.

1950년 한국전쟁이 발발하자 한국학생동맹은 한국계 재일동포 단체로서 가장 발 빠르게 움직였다. 일찍이 6월 27일 동맹 임원들은 긴급회의를 소집하여 구국전선에 동참하자는 방침을 결정했다. 이것은 '재일한교(韓僑)학도의용군' 결성 움직임으로 이어졌다. 이러한 상황에서 그는 자원하여 의용군 창설을 위한 추진위원이 되었으며 민단과 주일한국대표부에 협력하는 형태로 자원병 모집 활동을 전개했다. 그리고 그 자신이 자원병에 기꺼이 지원했다. 그는 이것을 자신의 일생에서 첫 번째 결단이었다고 회고하고 있다. 이윽고 그는 재일학도의용군 제1진 78명 가운데 1명으로 참전하여 인천상륙작전을 경험했다.

1965년 한국과 일본 간 국교가 정상화되는 시점에서 그는 민단의 총무국장이 되어 민단의 지도적 임원으로서 길을 걷기 시작했다. 1960년대 민단 재정국장과 경제국장 등을 역임했으며 1970년대에는 민단의 감찰위원이 되었다가 1979년 부단장에 올랐다. 이윽고 1985년 제38대 민단 단장으로 선출되었다. 그는 단장에 재임하는 동안 1987년에 해외한민족대표자 협의회를 시작하기도 했으며 88서울올림픽을 앞두고 일본에서 525억 원의 후원금을 마련하여 한국에 기증하기도 했다. 한편 그는 기업인으로서도 한국에 적극 기여했다. 1973년에 구로공단 안에 전자부품 회사인 대성전기(大星電機)를 설립했으며 1970년대 후반 재일한국투자협회 설립을 주도했고 1980년대 초반 신한은행 출범에도 적극적으로 참여했다.

그는 여전히 회사 경영 이외에도 평화통일자문위원, 신한은행 이사, 중앙대학교 이사, 한국복지재단 이사, 제일스포츠센터 이사 등을 맡고 있으면서 한국과 일본에서 활동적인 나날을 보내고 있다. 박병헌 전 단장은 한국에 오면 서울에 있는 자택과 대성전기 명예회장실에서 시간을 많이 보낸다. 그는 자신의 회고록을 다음과 같이 맺고 있다.[6]

생각해 보면 치열하게 도전하고 또 성취하는 삶이었다. 좌절도 있었고 실패도 있었다. 그러나 결국은 목표를 달성해 내는 행운의 일생이었다. 이제 우리 세대에 못 이룬 꿈들을 후세들이 이루기를 바라면서 남은 일생도 지금까지처럼 주어진 나의 일에 최선을 다하고 조국과 재일동포들을 위해 봉사하는 삶을 살고 싶다.

---

6 박병헌, 『숨 가쁘게 달려온 길을 멈춰서서』(재외동포재단, 2007).

_6_
재일동포 축구선수 정대세

2009년 8월 말부터 한국의 한 건강식품 TV 광고에 남북한을 대표하는 축구선수가 나란히 등장하여 화제가 된 일이 있다. 잉글랜드 프로축구 프리미어 리그에서 활약하고 있는 박지성과 함께 일본 J리그에서 뛰고 있는 정대세(鄭大世) 선수가 한국에서 모두 각광을 받고 있는데 이것을 광고에 활용했기 때문이다. 또한 월드컵이 열리는 2010년 새해를 맞아 YTN은 북한 대표팀의 간판 공격수 정대세 선수와 단독 인터뷰를 가졌다. 이때 정 선수는 월드컵에서 특별한 골 세리모니를 준비했다고 밝혔다. 유니폼 안에 조국통일과 같은 문구를 새겨 넣거나 한반도를 그려 넣은 옷을 입고 있다가 유니폼을 벗어 보이겠다고 했다. 그리고 자신과의 약속이라며 반드시 1승을 거두겠다고 했으며 선전을 다짐했다.[7]

널리 알려진 바와 같이 2009년 6월 18일 북한과 사우디아라비아의 경기 결과, 아시아 국가 가운데 A조에서는 일본과 호주가, B조에서는 한국과 북한이 남아공 월드컵 본선에 진출하게 되었다. 이로써 남북한과 일본이 역사상 처음으로 함께 월드컵 본선에 나가게 되었다. 축구 선수들 가운데 특히 북한의 국가대표 정대세 선수는 3개국 동반 월드컵 본선 진출에 대해 남달리 깊은 감회를 나타냈다. 그는 6월 19일 일본에 입국하면서 가진 기자들과의 인터뷰를 통해 북한의 승전은 물론 3개국 동반 진출에 대한 기쁨을 표시했다. 일본 스포츠신문들은 그가 눈물을 글썽이며 "3개국 모두 월드컵에 진출하다니 꿈만 같다. 이보다 더 기쁜 일은 없다"고 말했다고 일제히 보도했다.

---

7 「YTN」 2010년 1월 2일.

| 2008년 서울 월드컵 3차 예선에서 인공기를 바라보는 정대세 선수

이때 그는 3개국에 걸쳐 가교 역할을 하고 싶다는 포부도 밝힌 것으로 알려지고 있다.

정대세 선수. 1984년 3월생. 그는 아이치현(愛知縣) 출신 재일동포 3세로 한국적을 가지고 초등학교에서 대학교까지 총련계 민족학교에서 교육을 받았다. 우리말과 일본어를 자유롭게 구사한다. 아이치 조선제2초급학교(초등학교) 4학년 때부터 축구를 시작했고, 도쿄 조선대학교 체육학부를 졸업한 뒤 2006년 J리그 프로축구팀 가와사키 프론탈레에 들어갔다. J리그 진출은 일찍이 그의 축구 실력과 열정을 신뢰하고 그에게 여러 프로축구팀의 인턴 선수로 활약하노독 주선해준 일본인 후원자들의 숨은 뒷받침이 있었기에 가능했다. 그가 가장 존경하는 축구 선수는 J리그 득점왕으로 알려진 미우라 가즈요시(三浦和良)였다고 한다.

그가 할아버지의 나라인 한국을 처음 방문한 것은 2007년 4월 전남 드래곤즈와 경기를 하기 위해서였다. 2008년 7월에는 한국의 기독교방송과 인터뷰 도중 "독도는 우리 땅"이라는 노래를 직접 부르는가 하면, 독도는 당연히 한국의 영토라고 주장하여 화젯거리가 되기도 했다. 일본 국적으로 귀화하기를 결코 원하지 않는 그는 여전히 공식적으로 한국 국적을 유지하고 있다. 한국 정부가 북한 국적으로의 변경을 허가하고 있지 않기 때문이다. 굳이 그에게 있어서 어느 나라가 '너의 나라'인가 하고 추궁한다면 북한이라고 대답할 것 같다. 2007년 총련의 도움을 받아 북한 여권을 취득하면서 그는 학창 시절부터 꿈꿔 온 북한 국가대표가 되었기 때문이다. 그는 사실상 북한을 대표하는 제1의 선수라고 해도 과언이 아니다. 이번 북한이 월드컵 본선에 진출하는 데도 그는 발 빠른 공격수로서 결정적인 역할을 했다.

이처럼 정대세 선수는 남북한과 일본 3개 나라에 걸친 복합적인 정체성을 간직하고 있다. 그는 이상적인 경계인으로서 3개국 사이에 부단하게 발생하는 정치적 소용돌이에서 크게 부자유함을 느끼지 않고 축구선수로서 자신의 길을 열어가는 모습을 보이고 있다. 그러나 다른 각도에서 보면 그는 자신의 축구를 보고 열광하는 3개국 사람들과 일치된 정체성을 가질 수 없는 마이너리티이기도 하다. 정 선수와 같이 관중들도 축구 자체만을 즐길 수 있는 여유가 있으면 얼마나 좋을까. 하지만 현실은 그렇게 여유롭지가 않다. 더욱이 사회 구성원 대부분이 뚜렷한 국가 관념을 가진 것처럼 보이는 남북한과 일본에서는, 그가 국가대표로 뛰는 한 축구 경기의 정치적 역할에서 결코 자유스러울 수 없다. 더욱이 북한의 핵실험으로 주변국이 안보 위협을 받는 상황은 그의 자유로움에 악조건이 되고 있다. 이런 측면에서 그의 말대로 3개국 평화의 가교 역할을 하려 한다면, 그는 가능한 정치적 행위를 억제하기 위해 끊임없이 긴장해야 하고 또한 팬들의 감동이 식지 않도록 부단히 축구에 에너지를 쏟아야 하는 삶을 살아야 한다.

_7_

고 이인하 재일동포 인권목사를 기리며

일본 거주 외국인의 인권 신장을 위해 평생을 바쳐온 이인하(李仁夏) 목사가 간질성 폐렴으로 인하여 2008년 6월 30일 향년 83세로 세상을 떠났다. 그는 생전에 재일대한기독교회 가와사키(川崎)교회 원로목사로서 재일한국 YMCA 부이사장을 역임했으며 일본내 다문화 공생을 위한 시민단체 활동에 힘을 쏟았다. 재일한국 YMCA 김수남(金秀男) 총무는 7월 1일자 부고를 통하여 소수 친지들에 의한 조촐한 장례 의식 후 7월 12일 재일대한기독교회 도쿄교회에서 일반 조문객을 대상으로 영결식을 거행한다고 했다.

이인하 목사는 1925년 경북 구미의 가난한 가정에서 누나와 누이동생 사이에서 외아들로 태어났다. 어린 시절 부친이 조선총독부의 하급관리가 되어 함경북도에서 아편재배 감시일을 하면서 주위 사람들로부터 '친일파' 가족으로 따돌림을 받았다. 1940년 15세 때 가족을 떠나 일본에 건너왔으며 이듬해 교토(京都)의 불교계 중학교에 편입했다. 1945년 8월 그는 학도동원 되어 간 군수공장에서 해방을 맞았다.

전반적으로 일본 도항 때의 기대와는 달리 중학교 안에서 민족차별을 받으며 설망에 빠져 있을 때, 그는 그의 운명을 결정짓는 스승 와다 다다시(和田正)를 만나게 된다. 신임 교사로 부임한 와다는 식민지 출신 학생들을 격려하고 자택에 불러 당시 적국의 언어인 영어를 비밀리에 가르쳤다. 이때 교재로 사용된 것은 영어 바이블이었다. 나중에 목사가 되는 와다는 이때 이미 영어를 통해 선교를 하고 있었던 것이다. 식민지 소년 이인하는 와다 선생의 인도로 1942년에 세례를 받았다.[8]

그는 전쟁이 끝난 후 일본과 캐나다에서 신학을 공부한 뒤 1953년부터

| 고 이인하 목사, 2007년 자전거에 산소발생기를 싣고 집을 나서는 모습

목회 활동을 시작했다. 한국의 교회에서 초빙하겠다는 전갈을 받고 그는 일본인 부인에게 한국 국적을 취득하게 하고 귀국을 준비하던 차에 장남의 갑작스런 질환을 만나 결국 귀국을 포기하게 된다. 1959년 도쿄 근처의 가와사키 교회에 부임한 이 목사는 그후 이곳을 중심으로 선교와 함께 재일동포의 취업 차별, 지문날인, 일제시기 군인·군속에 대한 원호법의 국적 조항 등에 맞서 철폐 운동에 앞장섰다. 특히 1970년 재일동포 2세 박종석(朴鐘碩)의 '히타치 취업차별 사건'을 계기로 시작된 취업차별 철폐운동은 일본인 목사와 지식인들과 연대하는 운동으로 확대되어 일본 사회에 커다란 반응을 불러일으켰다.

1990년대 들어 이 목사는 재일동포 문제뿐 아니라 일본에 거주하는 외국인의 인권신장운동을 위해 주력했다. 중국과 브라질, 필리핀 등으로부터 대거 유입되는 외국인에 대해 이들을 도울 수 있는 시설을 만들기 위해 가와사키시에 복지시설 '후레아이관'과 복지법인 '세이큐사(靑丘社)'를 설립했다. 같은 기간 그는 일본 기독교교회협의회 대표 의장과 가와사키시

---

8 李仁夏, 『明日に生きる寄留の民』(新敎出版社, 1987).

외국인협의회 의장 등을 역임하기도 했다. 아울러 그는 생전에 기독교와 인권에 관한 수많은 논저를 내놓았다. 2007년에 발간된 저서에서 그는 "동화 (同化)가 아니라 공생(共生)을" 이라는 그의 평생 인권운동 지표를 제목으로 한 서문을 통해, "과거 전쟁 직후의 생존 투쟁, 일본 국가의 단절 정책에 기인 하는 피차별 경험에 의한 굴절, 재일동포 2세의 자각에 의한 히타치 제작소 취업차별 투쟁 등으로부터, 법적 제도적 차별 투쟁, 일제시기 군인의 전후보 상을 요구하는 투쟁은 단순히 국가제도의 차별성과 싸우는 것에 그치지 않 고 편견을 만들어내는 뒤틀린 역사인식과의 투쟁이며, 그것은 지금도 계속 되고 있다"고 말했다.[9]

---

[9] 李仁夏,『在日外國人の住民自治』(新幹社, 2007).

부산의 재외동포 문화관련 행사

2008년 11월 14일부터 3일간 부산에서는 재외동포 민족문화와 민족교육을 생각하는 행사가 열렸다. 부산의 자그마한 NGO에 불과한 '해외동포민족문화교육네트워크'(동포넷)가 결코 작지 않은 행사를 마련한 것이다. 그것도 2007년에 이어 두 번째 열렸다. 행사 첫날에는 독일, 일본, 우즈베키스탄 동포들이 만든 단편영화를 상영하고 해당 영화감독과 대화하는 시간을 가졌다. 이튿날에는 러시아, 일본, 중국 동포사회의 우리말 교육에 관한 학술세미나가 개최되었으며 이 자리에서 한국의 관민단체와 교류협력 방안에 관한 토론이 펼쳐졌다. 또한 이날 재일동포 극단에 의한 민족투쟁 관련 연극이 공연되었다. 그리고 마지막 날에는 국내외에서 참석한 민족문화 관련 활동가들이 각자의 활동 현황과 과제를 설명하는 워크숍이 개최되었다.

2007년의 예를 들면 해외동포 민족교육 현장에서 직접 활동하며 이 문제로 고민하고 있는 사람들이 직접 참여하여 생생한 현실을 발표했고 비슷한 관심과 어려움을 안고 있는 사람들이 동지 의식을 깊이 느끼는 기회가 되었다. 부산 민주공원에서 개최한 학술세미나는 다소 딱딱한 분위기에서 진행되었으나 같은 건물에서 열린 연극과 사진전이 이런 분위기를 부드럽게 감성적으로 보완했다. 그러나 행사 후 해운대 바닷가에 나가 소주잔을 돌리면서 참가자들의 분위기는 완전히 풀어지면서 절정에 이르렀다. 재외동포 참가자들이 손가락 장단에 맞추어 멋들어지게 우리 노래를 불렀다.

보통 이런 문화 관련 행사나 재외동포 관련 행사는 수도권에서 집중적으로 열리고 있다. 정부 기관 주도의 행사나 돈이 많이 들어가는 행사일수록 더욱 그렇다. 그런데 부산의 한 민간단체가 깜찍하고 당돌한 일을 저지른

| 2009년 부산 해외동포 문화 관련 심포지엄

것이다. 여기에 참여하는 재외동포들이나 국내 관련 NGO 활동가들은 동포넷이 빠듯한 예산에 제대로 대우도 해주지 못할 것을 뻔히 알면서도 이 행사에 기꺼이 참여하고 있다. 더욱이 일본에서는 총련계 동포들도 약간의 불편함을 감수하면서까지 이 행사에 참가한다. 이것은 대규모 행사에 비해 약간 엉성한 것 같으면서도 그 속에 순수함과 열정이 보이기 때문 아닐까 생각한다.

이어 2009년 가을에도 세 번째로 부산에서 재외동포 문화 관련 행사가 열렸다. 11월 13일부터 이틀간 부산의 가톨릭소극장과 민주공원에서 재외동포 민족문화와 민족교육을 생각하는 행사가 열린 것이다. 영화제와 심포지엄은 많은 시민들의 참여를 유도하기 위해 참가비는 물론 관람료와 입장료 모두 무료로 진행되었다.

첫째 날 13일 밤 전야제 행사로 부산가톨릭소극장 '아트 씨앤씨'에서 재외동포 관련 영화들이 상영되었다. 한국에서 태어나 미국에서 성장한 필름 작가 마야 와이머 감독의 작품과 독립영화계의 정신적 지주라고 불리는 김동원 감독의 작품이 상영되고, 김동원 감독과 대화하는 시간도 마련되었다. 입양이라는 주제 속에서 친부모의 목소리를 조심스레 담아내고 있는 "무제", 하루 평균 해외로 입양되는 한국아이들의 숫자인 동시에 덴마크, 독일, 미국, 노르웨이, 벨기에에 입양된 다섯 명의 이야기를 담은 "다섯", 그리고 한국, 중국, 필리핀, 네덜란드 등 각지에 생존해 있는 '일본군위안부' 할머니들의 인터뷰가 생생하게 담겨 있는 다큐멘터리 "끝나지 않은 전쟁"이 상영되었다.

둘째 날 14일에는 오전과 오후에 걸쳐 부산민주공원에서 "재외동포 정체성과 문학"이라는 주제로 심포지엄이 진행되었다. 재일동포와 재중동포, 그리고 고려인의 삶과 관련된 문학 작품이 소개되었다. 근현대사에서 해외이주 과정은 한민족 수난사와 맞물려 있다. 강제동원, 강제이주, 식민 지배하의 강제 징집, 독립운동 등이 해외 이주의 원인이 되었기 때문이다. 해방과 전쟁 이후에는 고향 땅으로 돌아갈 수 있을 것이라는 희망으로 해외 각지의 동포들은 우리말과 글을 2세대에게 가르쳤다. 나아가 동포들의 삶을 문학 작품으로 승화시키기도 했다. 이 심포지엄을 통해 오늘날 중국, 러시아, 일본의 동포들의 삶과 정체성은 문학 작품을 통해 어떻게 표현되고 있을지, 그리고 우리가 동포들을 위해 해야 할 역할은 무엇일지 등이 논의되었다.

이번 심포지엄의 패널리스트로는 일본에서 문경수 리쓰메이칸(立命館)대 교수, 김마수미(金眞須美) 작가, 중국에서 리광일 연변대 교수와 김혁 작가, 독립국가연합(CIS) 지역에서 게르만 김 카자흐스탄국립대 교수와 알렉산더 강 작가 등이 참가했다. 예를 들어 문경수 교수는 재일동포 2세의 초상을 이념과 신체성의 괴리라는 시각에서 보고, 말더듬이(吃音)라는 하나의 괴로움과 소외감을 모티브로 삼은 김학영 소설, 반쪽 조선인으로서의 고뇌를 보여주는 이회성 소설, 고향 제주도에서 일어난 현대사 비극 4·3사건

| 2008년 부산 해외동포 영화의 밤 전야제

을 계속 다루어 온 김석범 소설, 그리고 국민에 관한 획일적인 시각을 전제로 항상 일본인가 조선인가 선택을 강요당해 온 종래의 존재 형식을 초월한 글로벌화된 신세대의 문학 작품을 소개했다. 또한 재일동포 3세 작가인 김마수미 씨는 자신의 문학에서 나타난 죽음과 재생이라는 일관된 주제를 파괴와 창조라는 의미로 재해석하며, 잘라도 잘려지지 않는 내면과 외면의 관계를 중심으로 인간성에 관한 글을 쓰고 있다. 이번 발표에서 그녀는 재일동포 문학을 시작할 수밖에 없었던 개인사를 밝히기도 했다.

한편 중국 연변대의 리광일 교수는 해방 후 조선족 문학의 발전과 현황을 소개했다. 민속의 이동 움식임와 니아스포라와의 공통짐과 사이짐도 문제시하여 논했다. 그는 해외동포 이주의 역사에 관한 문학 작품은 반드시 인류학, 문화학, 민족학, 역사학의 관점에서 객관적이고 냉철한 사유로 만들어져야 한다고 주장했다. 또한 잃어버린 정체성을 찾아가는 독립국가연합 고려인 문학을 '러시아의 홍길동'으로 비유하는 알렉산더 강 작가의 발표도 관객들에게 흥미로움을 제공했다. 국내 연구자로서는 이한창(전북대), 김정혜(부산외대), 성동기(부산외대), 하상일(동의대), 김창효(강원대), 김

상철(한국외대), 최영호(영산대), 김태만(해양대), 진희관(인제대) 등이 참석하여 토론과 사회를 담당했다.

특히 이번 심포지엄 개회식에는 특별보고 형식으로 2009년 5월에 폐관된 일본 유일의 강제징용기념관인 '단바망간기념관'의 이용식 관장이 "복원해야 할 동포의 삶과 역사"라는 주제로 발표했다. 교토부(京都府) 북부에 있는 이 기념관은 이 관장의 부친이 1989년 강제징용 역사를 기록하기 위해 자신이 일하던 광산에 만든 기념관으로, 일본에 하나밖에 없던 강제징용 관련 기념시설이었다. 20년 동안 일본 행정을 지원을 받지 못한 채 관람객의 입장료에 의존하여 운영하여 왔으나 재정 적자로 인해 폐관하게 되었다. 이 관장은 잘못된 역사를 다시 반복하지 않는 것이 재일동포와 일본인과의 진정한 화해의 길임을 주장하고 기념관이 다시 복원될 수 있도록 많은 사람들의 관심과 도움을 요청했다.

이뿐 아니라 문화공연으로 카자흐스탄에서 온 고려인 예술극단 중 무용단의 공연이 펼쳐졌다. 구 소련지역에 살고 있는 고려인 동포들의 역사이기도 한 고려극장 예술단은 민족고난의 시기에 갖은 고초와 역경을 겪으면서 동포들의 슬픔과 괴로움을 표현해 왔다. 서울과 평양, 미국의 여러 도시에서 공연하면서 커다란 절찬을 받았던 공연단은 카자흐스탄의 전통춤과 함께 고려인들의 춤을 남북한 사람들의 춤과 비교하면서 직접 선보였다. 이날 객석에는 사할린에서 한국으로 영주 귀국한 할아버지, 할머니들이 특별 초대되었는데, 이들 뿐 아니라 행사 참가자 전원이 무용단의 공연에 대해 아낌없는 박수와 갈채를 보냈다.

_9_

서평_ 오규상 저, 『재일본조선인연맹 1945~1949』[10]

　재일본조선인연맹(이하, 조련)에 관한 본격적인 연구서가 '드디어' 나왔다. '드디어'라는 표현을 사용하는 것은 조련 자료에 의한 본격적인 조련 연구를 기다려 왔는데 이제 그 기대가 이루어졌기 때문이다. 다년간 도쿄(東京)의 조선대학교에서 교편을 잡았고 이제는 총련기관 산하 연구소 '재일조선인역사연구소'에서 근무하는 오규상(吳圭祥) 선생은 해방 직후 4년간의 재일동포 역사와 조직 활동을 집대성한 단행본을 출간한 것이다. 저자는 수많은 연구 논저를 내놓은 가운데, 지난 2005년에도 총련 결성 50주년을 기념하여 총련 조직의 역사 기록집[11]을 출간한 바 있다. 그는 일찍부터 재일동포 기업과 기업인의 역사는 물론 해방 직후 재일동포 전반에 관한 자료를 발굴하고 소개하는 데 주력해 왔다. 또한 그는 조련의 내부 자료 상황과 조련 활동가들의 이력에 관한 정보에 정통한 연구를 지속해 왔다. 이번 책자를 통해서 그는 재일동포 역사 연구에 또 하나의 획을 긋는 성과를 달성한 것이다.

　저자 후기를 보면 저자는 이 책을 집필하기 위하여 일차적 연구 자료로 조련 회의록, 신문, 잡지, 전단지, 포스터, 사진 등을 참고했다고 한다. 비록 조련의 활동 기간인 4년이라는 세월이 그리 길지 않은 기간이기는 하지만, 조국 해방에 따른 재일동포의 엄청난 에너지가 다양하게 분출되는 시기였던 만큼 조련은 헤아릴 수 없이 많은 자료들을 생산해냈다. 무수한 자료들이

---

10 다음 서평은 한일민족문제학회가 발행하는 『한일민족문제연구』 제16호(2009년 6월호)에 게재한 문장을 일부 문구를 수정 보완한 것이다.
11 吳圭祥, 『記錄 在日朝鮮人運動 朝鮮總聯50年 1955.5~2005.5』(綜合企劃舍ウイル, 2005).

일정한 체계를 가지고 정리되고 있는 점에서 볼 때, 앞으로 이 책은 조련 연구를 위한 교과서와 같은 역할을 담당할 것으로 본다. 또한 이 책은 인물과 사건 그리고 자료 등에 관한 사진을 제공하고 있어 일반 독자들이 흥미를 갖고 읽을 수 있게 했으며 연구자들에게도 일차적 자료의 이미지를 파악할 수 있게 했다. 따라서 이 책은 자료집으로서의 역할도 충분히 수행하고 있다고 평가할 수 있다.

돌이켜 보면, 1950년대의 일본 공안 당국 관계자에 의한 조사 연구를 필두로 하여, 1970년대 재일동포 연구자에 의한 일차적 자료 발굴과 정리, 1980년대와 1990년에 걸쳐 미군정 자료 발굴 등으로 오늘날에 이르기까지 조련에 관한 부분적인 연구들이 무수하게 쏟아져 나왔다. 이러한 연구들을 통하여 조련의 조직 내부 동향이나 조련을 둘러싼 정책 당국과 일본 사회의 움직임이 부분적으로 규명되어 온 것이 사실이다. 그런데 이번 오규상 선생의 저서는 종래의 수많은 연구 성과들을 토대로 하면서도 여기에 50명이 넘는 조련 활동 당사자들의 증언과 회고를 소개하고 있으며 조직 활동을 생생하게 전달하고 있다. 조련 조직에 직접 관여한 활동가들이 사라져 가고 있는 상황에서 이 책은 그들의 목소리를 후세에 전하고 자취를 남김으로써 조련 연구의 종합판이 되고 있다고 평가할 수 있다.

서론에서 저자는 이 책을 집필하는 데 무엇보다도 역사적 사실을 있는 그대로 기록하겠다는 관점을 중시했다고 말하고 있다. 그러면서도 사실을 기록한다는 것이 매우 어려운 일이고 과거에 발생한 갖가지 현상을 모두 남긴다는 것이 불가능하다는 점을 부연하고 있다. 또한 저서에 기록한 것이 총련에서 교육을 받고 다년간 활동한 저자가 자신의 체험을 살려 취사선택한 것이라는 점을 전제하고, 과거에 사정상 전모를 밝히기 곤란했던 사실이나 왜곡되어 알려진 것을 저자가 확인한 범위 내에서 기록했다는 점, 그리고 저자 자신이 해명하지 못했거나 의문 상태로 간직하고 있는 사실에 대한 해석은 애매한 그대로 기록했다는 점을 강조했다. 이것은 한편으로 저자가 집필 과정에서 여러 사실의 해석 방법을 두고 많이 고민했다고 하는 것을 느끼게 하며, 또 한편으로는 앞으로 전개될 자타에 의한 연구 보완을 암시하는 것으로 저자의 유연한 사고와 성실한 연구 자세를 엿볼 수 있게 한다.

| 『재일본조선인연맹』 표지

　이 책의 본문은 역사편과 활동편으로 나뉘어 있고 다음과 같은 장과 절로 구성되어 있다. 역사편에서 저자는 주로 조련의 정치적인 성격에 초점을 맞추어 단체의 결성과 전체대회, 그리고 강제 해산에 이르는 일련의 과정을 회의록 내용을 중심으로 정리했다. 역사편에서 가장 돋보이는 연구 성과는 다양한 자료와 회고 기록을 분석하여 조련 준비위원회 시기(1945년 9~10월)의 활동 상황을 비교적 상세하게 소개하고 있는 제1장 제1절 내용이 아닐까 한다. 종래의 점령군 자료는 말할 것도 없고, 연구계에서 가장 많이 인용되고 있는 박경식 선생의 수집 자료, 총련 기관에서 소장한 자료에서 공통석으로 조련 준비위원회와 관련된 일차적 자료가 드문 상황에서, 10쪽에 걸친 상세한 서술을 통해 연구계에 커다란 족적을 남기고 있기 때문이다. 따라서 이 부분만으로도 이 책은 재일동포 사회가 맞이한 해방 정국을 실증적으로 밝혀낸 역작이라고 평가할 수 있다. 활동편에서 저자는 조련의 정치적 사회적 문화적 활동을 다양하게 소개하고 있다. 해방 직후 재일동포 사회의 형성 과정을 한반도 귀환 쇄도 움직임이 둔화되어 가는 현상으로서 설명하고 있는 것이나, 외국인 등록 문제, 민족교

육용호투쟁을 강조하여 심층적으로 다루고 있는 것은 기존의 연구에서도 많이 다루어진 부분이다.

그런데 조련이 해방 직후 일본 정부의 선거권 '정지' 조치에 대해 지극히 소극적인 입장을 취해 왔음을 밝히고 있는 점은 기존의 연구에서 그다지 다루어지지 않은 것으로서, 저자가 일찍부터 조련 자료의 분석과 회고 등을 통하여 참정권 문제에 대한 조련의 입장을 잘 이해하고 있었다는 것을 말해 준다. 오늘날 재일동포의 지방참정권 획득 운동과 관련지어 한국은 물론 일본의 연구계에서조차 일본공산당 활동의 일환으로 조련 소속원 일부가 산발적으로 선거권을 '주장'한 일이 연구 결과로서 많이 인용되고 있다. 반면에 조련 조직이 이 문제에 대해 어떠한 공식적 정치적 입장을 취했는지를 밝히고자 하는 심층 연구는 보이지 않는다. 회의록 등 조련의 내부 자료를 분석하고 나서 조련이 조직을 들어 참정권을 요구한 일이 없다고 잠정적인 결론을 내린 바 있는 필자[12]로서는 선배 연구자 오규상 선생의 저술에서 참정권 문제의 역사에 관하여 새삼 적지 않은 동질감을 발견하게 된다.

무엇보다도 이 책의 최대 강점은 역사편과 활동편의 여러 곳에서 조련 시기의 주요 재일동포 활동가에 관한 사진과 함께 프로필이 정리되어 있다는 점이다. 달리 표현하자면, 이 책은 해방 후 재일동포 운동가들에 관한 인명사전과 같은 기능을 수행하고 있다고 할 수 있다. 이것은 이 책의 집필 작업이 단기간에 이루어지지 않았음을 상징적으로 보여주고 있으며, 오랜 기간에 걸친 저자의 역사 연구 축적과 부단한 연구 관심이 응축되어 나타난 성과라고 할 수 있다. 필자는 이러한 이유 때문에 이 책의 전반적인 구성에 대해 높이 평가하지 않을 수 없다.

---

12 최영호, 「일본 패전 직후 참정권문제에 대한 재일한국인의 대응」, 『한국정치학회보』 제34집 1호(2000년 6월).

| 1945년 10월 조련결성대회 후 거리시위에 나선 재일동포

다만 서평을 쓰는 입장에서, 지엽적인 문제에 불과할지는 모르지만 필자 스스로를 포함하여 후학들이 앞으로 보다 더 치밀한 조련 연구를 위해 참고할 수 있도록, 이 책에서 발견되는 한계로 다음 세 가지 문제점을 지적해 두고자 한다. 첫째는 조련의 역사와 활동에 관한 서술에서 총련이나 북한과의 직접적인 연관성이 비교적 자주 강조되고 있다. 각 시기에 있어서 활동했던 인물에 대해 그 당시의 모습과 역할로서 묘사하기 보다는 훗날 전개되는 정치적 이념을 투영하여 해석하고 있다는 점이다. 그러다보니 한편으로는 조련 조기 난세에서부터 한덕수 총련 진 의장의 활동을 부각시키고 있으며, 다른 한편으로는 준비위원회 설립 운영 과정에서 나타나는 '친일파' 인사들의 역할을 단호하게 부정하고 있다. 이러한 문제점은 조련 초기 서울을 방문한 '특파원'에 관한 기록에 비해, 조련 후기 북한 정부가 창건된 지 석 달 이후에 사정상 뒤늦게 평양을 방문한 '축하단'에 관한 기록에 훨씬 더 비중을 두고 있는 것에서도 두드러지게 나타난다.

둘째는, 전반적으로 중앙조직 중심의 조련 인식이 지배적이다. 전체대

회나 중앙위원회 기록에 의해 파악되는 조련의 활동이라든지 중앙조직의
방침과 정책이 지방 조직으로 전달되는 네트워크만을 보아서는 초기 조련
의 아메바와 같은 성격이나 지방 조직의 특징이 나타나지 않는다는 점이다.
조련의 지방조직이 결성되는 과정에서 도쿄에서 멀리 떨어진 지역일수록
중앙과는 다른 양상을 보였다. 단적인 예로 후쿠오카(福岡)를 비롯한 규슈
지역에서는 홍생회(興生會) 조직원을 중심으로 조련 조직이 만들어져 갔던
사실은 홍생회=일심회(一心會)=반(反)조련 조직으로 간단히 해석해 버리
는 중앙 중심 혹은 정치이념 중심의 관점을 가지고는 쉽사리 보이지 않을
것이다. 또한 이러한 관점에서 보면 1946년 1월 초에 중앙조직으로부터 지
령이 내려오기 전에 야마구치(山口)의 한 지방조직이 반탁 집회를 주도했던
사실 따위는 역사 서술에 등장하기 어려울 것이다.

　　셋째는, 의문이 해소되지 않는 일부 기록에서 앞으로 연구 과제를 남기
고 있다는 점이다. 김천해(金天海) 고문 등의 북한 입국 후 사망까지의 행적
이나 김정홍(金正洪) 부위원장의 서울 활동은 오리무중이다. 이 책 부록에
제시되어 있는 조련 중앙위원회의 개최 연월일에 관한 일부 기록도 조련
자료와 대조하여 검증해야 할 부분이다. 조련에 관한 연구를 시도해 본 사람
이면 의외로 일부 중앙위원회가 정확히 어느 날짜에 열렸는지 확정하기가
쉽지 않음을 발견하게 된다. 조련 연구에 있어서 남달리 열정을 쏟아 온 박경
식(朴慶植) 선생도 생전에 이것을 문제시 하면서도 결국 분명한 정리를 하지
못했다. 특히 제4회가 1946년 1월 31일부터 이틀간인지 아니면 하루 동안인
지, 제10회가 1947년 5월 15일부터 이틀간인지 아니면 사흘간인지, 제11회
도 9월 6일부터 이틀간인지 아니면 사흘간인지에 관하여 의견이 분분하다.
이러한 세세한 부분에 대해서도 관련 기록을 찾아내어 근거를 제시하는 일
이 앞으로의 남은 연구 과제라고 생각한다.

_10_
서평_윤건차 저, 『교착된 사상의 현대사』[13]

2009년에 한국에서 출간된 『교착된 사상의 현대사』(창비)는 2008년 일본어로 발간된 『사상 체험의 교착: 일본·한국·재일 1945년 이후』를 완역한 것이다. 이 책에서 저자는 일본 패전과 한반도 해방 이후에 한국과 일본에서 전개되는 정치적 사회적 사건들을 저자 자신의 사상 체험이라는 렌즈를 통해 관찰하고 묘사하고 있다. 시종일관 재일조선인이라는 경계인의 입장에서 일본의 천황제가 갖는 역사 청산의 문제점과 한반도가 안고 있는 분단의 모순에 대한 비판적인 시각을 제시하고 있다.

저자 윤건차 교수는 일본과 한국의 근현대 역사와 사상, 그리고 재일동포의 존재에 관한 수많은 저작을 내놓았다. 『교착된 사상의 현대사』이 여타 저작과 다른 점은 아마도 한편으로는 연구 대상 시기를 해방 이후로 국한시키면서 다른 한편으로는 한국과 일본, 재일동포를 넘나드는 폭 넓은 논의를 전개하고 있는 점이 아닌가 한다. 따라서 사상 관계 서적의 일반적인 특징이기도 하지만, 저자의 사상 기저에 흐르는 맥을 잡지 않고서는 쉽게 이해하기 어려운 문맥이 자주 등장한다. 특히 원문에서 일본어 특유의 완곡한 표현법까지 겹쳐 번역자늘이 저자에게 문맥의 진의를 물어가며 직업을 진행히지 않을 수 없었을 것으로 보인다. 이 점에서 일본 지명과 인명에 대한 한글 표기에서 부분적인 문제점이 나타나기는 하지만 전반적인 내용면에 있어서 한국어 번역판의 높은 완성도를 크게 평가하고 싶다.

이 책의 내용에서 보이는 가장 두드러진 특징으로, 전후 현대사를 1945

---

13 다음 서평은 2009년 12월 말 서울대학교 사회과학연구원 홈페이지 '읽을거리'에 게재한 문장을 일부 문구를 수정 보완한 것이다.

~46년(제1장), 1947~54년(제2장), 1955~64년(제3장), 1965~79년(제4장), 1980~89년(제5장), 1990년 이후(제6장)와 같이 각 장별로 시기 구분을 시도한 점을 지적할 수 있다. 역사학 논저에서처럼 어느 특정 시기에 논의를 국한시키지 않고 각 시기를 넘나드는 서술 내용들이 여러 장 사이에 펼쳐지고 있다는 점에서 볼 때, 명확한 구분이라고 볼 수 없는 측면은 있다. 하지만 이러한 시기 구분 시도는 저자가 한일관계의 현대사를 어떻게 정리하여 이해하고 있는지를 잘 나타내는 것이라고 할 수 있다.

또한 이 책 내용의 특징으로 빈번하게 시문(詩文)을 인용하고 있다는 점을 들 수 있다. 저자는 개인 블로그나 자전 시집 등을 통해서도 자신이 쓴 시와 함께 다른 사람의 시를 많이 소개하고 있다. 이것은 특정 시기와 사건을 받아들이는 감성에 있어서 저자가 시라고 하는 응축된 표현 방법을 각별하게 선호하고 있음을 잘 보여준다. 그는 대중들이 쉽게 공감할 수 있는 시문을 효율적으로 활용함으로써 자칫 지루해지기 쉬운 사상 서적에 부드러움을 첨가하는 한편, 복잡하게 얽힌 현대사 사건에 대한 인상적인 해석을 간접적으로 전달하고 있는 것이다.

재일동포 사상가 윤건차, 그는 누구인가. 본문 1장에는 저자가 어린 시절 한반도에 귀환하려고 했다가 포기하고 일본에 거주하게 되는 과정에 대해 간략하게 언급되어 있다. 그런데 한국어판 말미 부분에는 저자의 생애에 관한 대담 기록을 추가로 실어 저자의 삶과 사상의 원천을 이해하는 데 중요한 단서를 제공하고 있다. 해방을 한 해 앞두고 그는 교토(京都)에서 태어났다. 거의 대부분의 재일동포 2세가 경험한 바와 같이 그는 그리 유복하지 않은 가정환경에서 자랐다. 직물 관련한 영세 가내수공업을 하는 집안에서 성실하게 집안일을 도우며 모범학생으로 성장했다. 소년 시절이나 대학생 시절에 힘든 노동을 몸소 겪었던 것은 그에게 일생 성실한 생활 습관을 가지게 했다. 그러나 다른 한편으로는 학창시절 친구와 사귈 틈이 적었던 것이 그에게 대인관계에서 폐쇄적 경향의 생활 스타일을 갖게 하기도 했다고 한다.

대학원에 들어가서야 뒤늦게 민족 문제를 자각하게 되고 본격적으로 '우리말' 공부를 시작했으며 한국을 방문하여 비로소 '우리말'만이 통용되는 사회가 있다는 것을 몸소 체험하게 된다. 그러나 자신이 한국 사회에 들어갈 수 없는 이방인과 같은 존재라는 것도 함께 자각한다. 한편 이즈음 결혼하여 가난한 신혼생활을 보내게 되었으니, 저자가 스스로 지식을 체계를 세우기 시작하는 대학원 시절을 얼마나 불안하고 초조한 환경에서 보냈는지 미루어 짐작할 수 있다.

이 책의 1장은 일본 패전 직후 스스로를 '해방민족' 혹은 '해방국민'으로 자각하는 각성된 존재로서 재일동포를 묘사하고 있다. 이제까지 피압박 민족이었던 자신이 이제는 더 이상 일본인이 아니고, 그렇다고 해서 '코스모 폴리탄'도 아닌, '조선인'임을 자각하고 자유와 해방을 실존적으로 체험하게 되었다는 것이다. 다만 저자는 이때 한반도에서와 같이 과거 일본제국으로 부터 상처를 받았던 사람들보다 친일 협력자였던 인물들이 가볍게 변신하여 새로운 국가 건설을 위한 민족단체에서 버젓하게 활동했던 것을 문제시하고 있다.

2장과 3장에서는 50년대 재일동포들의 조건과 현실을 언급하고 있는데, 여기서 그들은 일본과 한반도의 국가정책 틈새에서 신음하는 존재로서 묘사되고 있다. 샌프란시스코강화조약 발효와 함께 일본 법무성 민사국장의 통달로 간단하게 모두 외국인이 되어 버리고 언제라도 한반도로 강제퇴거 당할 수 있는 처지에 놓이게 되었다. 나아가 남북분단의 정치 상황이 점차 심각해지면서 이데올로기가 민족단체 뿐 아니라 가족 내부에까지 갈등과

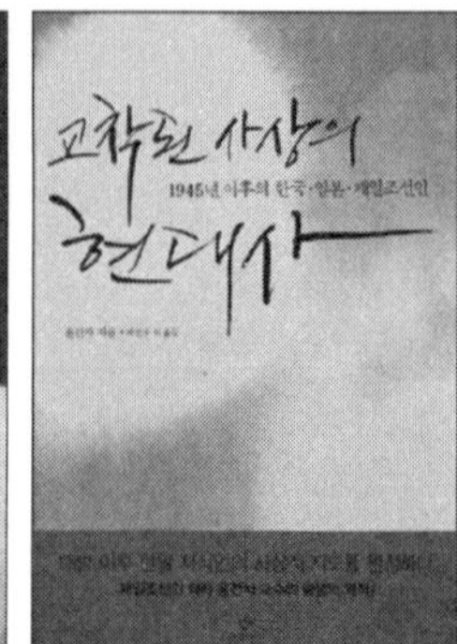

| 윤건차 교수와 『교착된 사상의 현대사』 표지

균열을 초래하는 일이 허다하게 되었다는 것이다.

이어 4장은 한일 국교정상화를 중심으로 60년대를 언급하고 한국의 민중운동 개시를 중심으로 70년대를 다루는 가운데, 이 시기에는 일본이 아시아와의 관계 재구축을 이루면서 비록 전반적으로 반동적인 역사인식이 팽배하고 극히 소수 일본인만이 전향적인 역사인식을 갖기 시작했지만, 편견 없이 맨눈으로 재일동포를 대하는 일본인 이웃이 점차 나타나는 시기이기도 했음을 시사하고 있다. 또한 다른 한편에서는 김일성 개인숭배 심화에 따른 총련 단체의 경직화 현상에 주목하면서도 박정희 군사정권의 과도한 반공정책에 의해 재일동포 사회가 이분화 되고 적대시 당하게 된 점을 강조하고 있다.

5장에서는 80년대 재일동포들의 조건과 현실을 언급하고 있는데, 여기서 그들은 일본과 한반도의 국가정책 틈새에서 신음하는 존재로서 묘사되고 있다. 뿐만 아니라 중년 재일동포들은 대부분 제2세대가 되어 모국어를 상실한 채 세대 간 틈새기에서 이중 삼중으로 벽 앞에 우왕좌왕 할 수밖에 없는 존재로 그려지고 있다. 어쩌다 '진정한 한국인'이 되겠다고 한국에서 유학한 재일동포 젊은이들은 정치적 이분법을 강요하는 한국 사회에 의해 유학의 꿈을 이루기보다는 오히려 정체성의 위기와 자기분열에 빠져 버리는 경우가 많았다. 저자 자신의 세대에 관한 논의이기도 하여, 5장에서 비교적 재일동포의 조선과 존재에 관한 언급이 많은 것은 어쩔 수가 없는 듯하다.

이에 비하면 90년대 이후 오늘날에 이르는 시기를 다루면서 자연스럽게 재일동포 3세에 관한 논의를 해야 하는 6장에는 그다지 관련 언급이 많이 등장하지 않고 있다. 한류 붐을 타고 일본인과 함께 한국의 대중문화를 즐기는 가운데, 이문화이면서도 완전한 이문화라고 할 수 없고 현실감이 떨어지는 몽롱한 고향에 대해 어렴풋한 향수를 느끼는 존재로서 재일동포를 그리고 있다. 저자의 자녀 세대가 주축이 되는 이 시대에 이르러 지난 시절에 비해 재일동포의 고민이 거의 나타나지 않는 것은 그만큼 일본 사회와 재일동포 사이의 긴장이 상대적으로 희박해진 것을 간접적으로 느끼게 한다.

저자는 결론 부분에서 한국과 일본의 지식인들에게는 지난날의 공동 투쟁 혹은 연대 운동의 역사를 소중히 하고 남북 분단의 극복과 천황제 폐지라는 목표를 위해 노력할 것을 제안하고 있다. 그리고 재일동포 젊은이에게는 미래지향적 시야를 한국과 일본이라는 틀을 초월하여 동아시아 전체에 두어야 하며 이 공동체 안의 '원죄'를 조사(照射)하는 노력이 필요하다고 말한다. 아울러 재일동포에게 민족과 국가 문제에 관여하되 가능한 이것과 거리를 두는 자세를 수분하고, 스스로의 '삶의 방식'을 통해 존재가치를 보여 줄 것을 권하고 있다. 끝으로 저자는 재일동포 후예들에게 한반도와 일본, 나아가 동아시아에 더욱더 밝고 풍요로운 미래를 선사하는 존재가 되기를 바라는 희망의 메시지를 전하고 있다.

V. 2008~2009 한일관계의 평가와 과제

_1_
2008년 한일관계에 대한 평가

2008년 한 해 동안 한일 양국의 정상은 6차례나 회합을 가졌다. 과거 어느 시기 어느 정권에 비교하더라도 가장 빈번하게 만나서 다양하게 상호 협력을 논의하고 우호적 분위기를 조성하는 외교적 성과를 거둔 것이다. 그러나 독도 영유권 문제로 양국 간에 드리워진 먹구름은 말끔히 씻어내지 못한 채 한 해를 마감하게 되었다. 아무리 정상회담을 자주 가진다고 해도 역사인식의 차이와 현실적인 국익의 사고가 뒤엉킨 영토 문제에 대해 외교적인 해법을 제시하기는 여간 어렵다는 사실을 여실히 보여준 한 해였다.

2008년 최초의 한일 정상회담은 2월 이명박 대통령의 취임식에 후쿠다 야스오(福田康夫) 수상이 참석하면서 열렸다. 그 자리에서 후쿠다는 그간 중단된 양국 정상의 셔틀외교를 재개하자고 제의했다. 4월에는 미국 방문에서 귀국하는 길에 이 대통령이 도쿄에 들러 두 번째 정상회의를 가졌다. 이렇게 하여 셔틀외교의 복원이 이루어졌으며 주로 자유무역협정(FTA) 협상 재개 등 경제협력에 관한 대화를 나눈 것으로 보도되었다. 그 후 양국 정상은 7월 일본 홋카이도의 G8확대회의, 10월 중국 베이징의 ASEAN회의, 11월 페루 리마의 APEC회의, 12월 일본 후쿠오카의 한중일 3국 정상회의 등 다자간 회의 기회를 이용하여 만났다. 10월부터는 새로 수상이 된 아소 다로(麻生太郎)로 일본 측 파트너가 바뀌었으며 12월 정상회담에서는 외환 안정을 꾀하는 한국 정부가 일본으로부터 구체적인 금융 협력방안을 이끌어내는 성과를 거두기도 했다.

그런데 양국 정상의 호의적인 태도에 따라 순탄하게 진행될 것으로 보이던 한일관계는 독도 영유권에 관한 쌍방의 입장 차이가 드러나면서 주춤

| 2008년 2월 이명박 대통령 취임식에 참석한 후쿠다 수상

하는 모습을 보였다. 7월에 들어 일본 정부가 중학교 사회교과서 학습지도 요령 해설서에 독도에 대해 북방영토와 마찬가지로 일본의 "영토 영역에 관하여 이해를 심화시킬 필요가 있다"고 기술하기로 한 것이 외교적 마찰의 결정적인 계기가 되었다. 한국 정부는 항의 표시로 주일대사를 3주간 동안 일시 귀국시키는 조치를 취했으며 8월의 베이징올림픽 개막식에서 이명박 대통령이 후쿠다 수상을 외면함으로써 불편한 심기를 간접적으로 전달했다.

이러한 외교적 불협화음에도 불구하고 일본 외무성은 2008년 2월부터 "다케시마 문제를 이해하기 위한 10가지 포인트"라고 하는 홍보자료를 일본어와 한국어, 영어 등으로 제작하여 홈페이지에 게재해 왔다. 이뿐 아니라 같은 해 12월에 들어서는 아랍어와 중국어 등 7개 다른 언어로도 홍보 자료를 제작하여 재외공관을 통해 대량으로 배포하기 시작했다. 한국의 외교통상부는 12월 28일 보도 자료를 통해 일본 외무성의 홈페이지 내용에 대해 문서 등을 통해 엄중 항의하고 이를 삭제할 것을 지속적으로 촉구해 왔다고 밝히

| 2008년 12월 후쿠오카를 방문한 이명박 대통령과 아소 다로 수상

고, 기존의 3개 언어에서 10개 언어로 확대 게재한 것에 대해서도 "엄중 항의하고 삭제할 것을 거듭 강력히 요구했다"고 발표했다.

독도 영유권 문제와 관련하여 일본의 중학교 교과서와 함께 고등학교 교과서도 한국과의 외교적 마찰을 불러일으킬 소지가 많다. 2008년 12월 초 시점에서 보면 일단 이듬해에 개정될 고등학교 교과서 학습지도요령에 독도 관련 기술이 포함되지 않은 것이 밝혀졌다. 하지만 2008년의 예로서 3월 중학교 교과서 학습지도요령에서 독도에 관한 기술이 없다가 그 후 7월의 학습지도요령 해설서에 명기되었던 것에 비추어 보면, 이듬해 고등학교 교과서 학습지도요령 해설서에도 독도 관련 기술이 나타날 가능성이 높은 것으로 보였다.[1]

그러나 독도 영유권 문제로 인한 외교적 마찰을 제외하고는 대체로

---

1 일본 문부과학성은 2009년 12월 25일 내용상으로는 독도의 일본 영유권을 주장하면서도 형식적으로는 독도라는 표현을 명기하지 않은 방식으로 고등학교 지리·역사 과목의 새 교과서 학습지도요령 해설서를 발표했다.

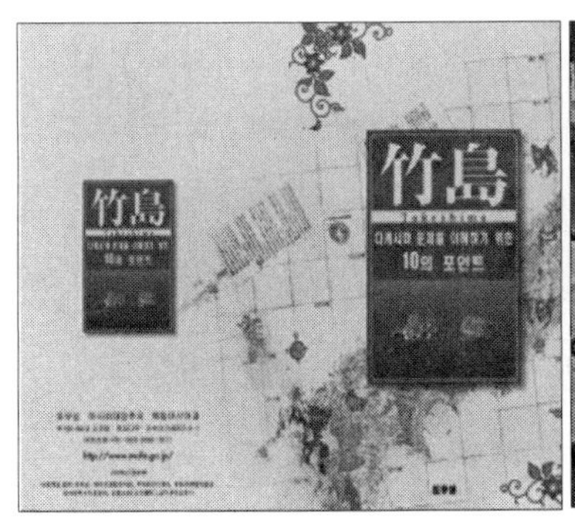

| 일본 외무성의 다케시마 홍보 팸플릿(왼쪽)과
2008년 10월 일본 정부의 독도 영유권 주장을 규탄하는 서울 시민(오른쪽)

2008년 한일관계는 원만하게 관리된 것으로 평가할 수 있다. 과거 한국의 참여정부와 고이즈미 내각이 2005년이나 2006년에 잔뜩 흐린 양국관계 분위기로 한해를 마감했던 것에 비하면, 2008년에는 그때보다는 훨씬 덜 흐린 상태로서 한일관계를 회고할 수 있게 되었다. 다만 독도 영유권 문제에 관하여 일본 국민보다는 한국 국민이 훨씬 더 민감하게 받아들이고 있기 때문에 한일관계에 관한 평가에 있어서 한일 양국 국민의 평가가 약간 서로 다르게 나타났다. 이러한 현상은 한일관계에 대한 양국 국민의 느낌을 조사한 여론조사 결과에서도 그대로 드러났다.

2008년 10월 한국의 동북아역사재단이 여론조사기관 월드리서치에 의뢰하여 각국의 성인 500명씩을 대상으로 한일관계 등에 관한 설문조사를 실시한 결과, 한국인의 경우 한일관계가 긍정적이라고 평가한 답변은 2007년 32.3%에서 22.0%로 10.3% 감소했으며 부정적이라고 평가한 답변은 2007년 67.7%에서 76.8%로 9.1% 증가했다. 매우 비관적으로 평가한 결과라고 할 수 있다. 반면에 일본인의 경우는 한일관계가 긍정적이라고 평가한 답변이 2007년 49.4%에서 53.0%로 3.6% 소폭 증가했으며 부정적이라고 평가한 답변도 2007년 34.4%에서 45.6%로 11.2% 증가했다. 이처럼 한국인이 관계 악화 일변도의 평가를 내린 것과는 달리 일본인의 경우 한일관계에 대해 긍정적 부정적 평가가 모두 증가한 것에는 독도 문제에 대해 민감성이 중요한 요인으로 작용했을 가능성이 크다. 다만 일본인의 평가에서 부정적 평가의 증가폭이 긍정적 평가의 증가폭보다 크게 나타난 것은 그들도 대체로 2007년에 비해서 2008년 한일관계가 악화된 것으로 평가했다는 것을 보여주는 것이었다.[2]

이와 함께 일본 내각부가 해마다 실시하는 외교에 관한 국민여론 조사에서도 2008년 한일관계를 다소 악화되었다고 평가하는 결과가 나타났다. 그해 10월에 조사한 결과에 따르면, '양호하다고 생각한다'는 의견 비율이 6.7%, 대체로 양호하다고 생각한다'는 의견이 42.8%로, 이 두 비율을 합하면 49.5%가 양호하다고 본 것으로 나타났다. 이것은 전년 같은 시기의 조사결과 49.9%에 비해 0.4% 감소한 수치였다. 반면에 '양호하다고 생각하지 않는다'는 의견은 12.9%, '대체로 양호하다고 생각하지 않는다'는 의견은 33.0%로, 이 두 비율을 합하면 45.9%가 양호하지 않다고 본 것으로 나타났다. 이것은 전년의 조사결과 45.1%보다 0.8% 높은 수치였다.[3]

2008년의 한일관계에 대한 한국인의 비관적인 평가는 차치하고 일본인의 평가에 있어서도 2006년 하반기 평가에서 극도로 악화되었던 한일관계가 2007년에 대폭 호전되었던 것을 감안한다면, 2008년에 들어 다시 소폭이기는 하지만 관계가 악화된 것으로 나타난 것은 양국 정상이 우호관계를 유지하기 위해 노력했음에도 그것이 곧바로 국민들의 평가로 이어지기는 쉽지 않다는 것을 잘 보여준다.

---

2 동북아역사재단 홈페이지 www.historyfoundation.or.kr.
3 www.cao.go.jp/survey.

_2_
2008년 베이징 한일 정상회담

2008년 10월 24일 ASEM회의 참석차 베이징을 방문한 이명박 대통령은 다자간 회의와 개별 회담을 연쇄적으로 갖는 가운데 오전에는 아소 다로 수상과 35분간에 걸친 짧으면서도 의미 깊은 회담을 가졌다. 아소 수상은 이번 ASEM을 계기로 취임 후 처음으로 한국과 중국의 정상을 만나게 되었다. 이 대통령이 일본 수상과 정상회담을 갖는 것은 이번이 취임 후 4번째에 해당한다. 그해 7월 9일 일본 도야코에서 열린 G8 확대 정상회의 때 당시 후쿠다 수상과도 회담을 가진 바 있다. 그러나 그 후 일본이 중등교과서 해설서에 독도 영유권을 명기하기로 확정하면서 양국 관계는 급속도로 냉각되었다. 두 정상은 그해 8월 베이징올림픽 개막식에서도 한 자리에 있었으나 별도로 회담을 갖지 않았다.

독도 문제로 인한 양국 국민 간의 불협화음이 여전히 남아 있기는 하지만 그런 가운데도 외교적 대화의 물꼬를 다시 여는 계기를 마련했다는 점에서 2008년 10월의 베이징 정상회담은 그 의미가 컸다고 본다. 여기에 현실적으로 금융위기를 맞아 다각도의 해법을 모색하고 있는 MB정부로서는 한국 국민들에게 외교적 노력의 모습을 보여주는 절호의 기회가 되었다. 반면에 아소 정부로서는 미국의 북한 테러지원국 해제로 인하여 북핵 문제와 '납치' 문제에 관한 미흡한 대응을 비판하는 국내 여론에 대해 외교적 노력의 모습을 보여주는 자리가 되었다. 게다가 이번에 한국을 포함하여 여러 ASEM 국가들이 국제경제 위기 문제에 대한 일본의 적극적 개입을 요구한 것은 자민당 정부에게 야당으로부터의 중의원 조속 해산 공격을 일시 방어할 수 있는 좋은 방패막이가 되어 주었다.

한국의 청와대 홈페이지와 일본 수상관저 홈페이지에는 공통적으로 베이징 한일 정상회담에서 양국이 미래지향적인 '성숙한 파트너십 관계' 구축을 향하여 함께 노력해 가자는 데 일치된 의견을 보였고 또한 북한 문제와 국제금융위기 대처, 동북아 지역협력 등 공동 관심사에 관하여 의견을 교환한 것으로 되어 있다. 한국 측은 대체로 국제금융위기 대처 방안에 관한 논의에 중점을 두어 회담 결과를 홍보한 데 반하여 일본 측은 북한 핵 문제와 '납치' 문제에 관한 공조 견해가 교환되었음을 강조했다. 이 회담을 통하여 양국 정상은 구체적인 실행 방안이나 문제 해결책을 제시한 것이 아니라 양국이 앞으로 풀어나가야 할 외교적 공동 과제를 내놓고 이에 대한 상호 협력 의사를 확인한 것이다. 필자는 베이징 정상회담 이후 양국의 외교 담당 자들이 실행해야 할 후속 작업 과제로 다음과 같은 것을 들었다.

첫째, 한일 양국 외교관계 전반에 걸쳐 우호적 분위기를 유지해 가는 일이다. 소위 '성숙한 파트너십 관계'의 기초를 쌓는 일이다. 이를 위해서는 무엇보다 일본 측이 독도 영유권 문제를 포함하여 역사인식 문제에 대해 한국 정부가 안고 있는 협소한 입장을 이해하고 사려 깊은 행동을 취해야 한다. 이 문제에 관한 한 일본 정부가 일본 국민들에게 취할 수 있는 선택지에 비해 지금의 한국 정부는 선택지가 거의 없다. 국민감정이 격앙되었을 때 일본과의 우호적 외교관계를 유지하기 위해서는 관련 발언을 최대한 아끼고 물밑 접촉을 시도하는 일 이외에 한국 정부로서 취할 수 있는 외교 정책이 그다지 없어 보인다.

아마 이런 한국 측 입장을 어느 정도 이해한 탓인지 정상회담에서 아소 수상은 인사말 가운데 "어려운 여건 속에서도 한국 관계자들이 노력해 한일 관계를 잘 유지해 온 것에 감사한다"고 하며 본심을 내비쳤다. 중단되기 쉬운 셔틀외교를 앞으로 계속 이어나가야 하며 이와 함께 미국, 중국, 지역협력체

| 2008년 10월 베이징에서 만난 이명박 대통령과 아소 수상

를 포함한 다자간 협상 구도와 한일 간 개별 협상 구도를 통하여 정치적 경제적 현안들을 풀어나가기 위한 다양한 외교 교섭 기회를 마련해 가야 한다. 앞으로 한일관계에 '주춤하는' 일이 없도록 하기 위해서는 한국 측은 역사인식 문제에 관하여 신중하고 유연한 태도를 견지해야 하며 대신 일본 측은 주변국에 대한 사려 깊은 태도를 보여야 한다.

둘째, 국제경제 위기에 대해 양국 정부가 긴밀하면서도 실효성 높게 공동 대응해 나가는 일이다. 베이징 회담에서 양국 정상은 작금의 세계적 금융위기와 관련하여 800억 불 규모의 치앙마이 이니셔티브(CMI) 공동기금 조성을 내년 상반기까지 완료할 수 있도록 상호 협력해 나가기로 했으며 국제금융시장이나 양국의 금융상황에 대한 정확한 이해가 필요하다는 데 인식을 같이 하고 수시로 상호 정보와 의견을 교환하기로 했다. 치앙마이 이니셔티브는 아세안과 동아시아 3개국이 외환보유고의 일부를 공동기금으로 마련하고 스와프협약에 따라 위기발생시 활용할 수 있도록 하자는 취지 아래 지난 2000년 채택되었다.

하지만 일본과 중국이 분담금 책정기준으로서 국가경제력으로 하자는

| ASEM회의장에서 동석한 한일 정상

주장과 실질구매력으로 하자는 주장으로 맞서고 있으며 상대적으로 많은 기금을 내놓으며 주도권을 장악하려 하고 있다. 여기에 아세안 국가들도 입지를 확보하려는 움직임을 보이고 있는 데다가 이 기금이 사실상 아시아통화기금(AMF) 설립을 위한 재원이 될 것으로 보고 브레튼우즈 체제를 위협하는 움직임으로 간주하는 미국의 견제도 만만치 않다. 2008년 11월 15일 워싱턴에서 열린 G20정상회의에서도 미국은 기존의 국제금융질서 안에서의 위기 대응 공조를 강조하면서 아시아 국가 간의 독자적 움직임에 대해 간접적인 견제 움직임을 보였다. 또한 이러한 어려운 여건임에도 한국은 과거 1997년의 IMF사태 이상으로 외환 위기가 닥칠지도 모르는 불안이 끊이지 않는 상황에서 경제대국이자 거대 외환보유국인 일본으로부터 최대한 협력을 이끌어내야 하는 정책적 과제를 안고 있다.

셋째, 북한의 핵 문제와 인권 문제에 대해 양국 정부가 공동보조(步調)의 리듬을 조율하는 일이다. 베이징회담에서 아소 수상은 일본에게 있어서 북핵 문제와 함께 '납치' 문제가 중대하다는 것을 강조하고 한국 측의 협력을 요청했으며 이에 대해 이 대통령은 일본의 입장에 대한 원론적인 지지 태도를 표명했다. 북핵 문제와 관련하여 양국 정상은 북미 간 합의에 따른 향후 핵불능화 조치 과정에서 긴밀하게 협조해 가기로 합의했다. 미국이 북한을 테러지원국 명단에서 삭제하기로 결정한데 이어 북한이 핵불능화 작업을 재개하고 영변 핵시설에 대한 봉인과 감시카메라 설치를 시작했으며 국제

원자력기구(IAEA)가 이러한 북한의 작업을 확인한 것으로 보도되었다.

하지만 일본 정부는 기본적으로 북한의 핵 폐기 의지를 신뢰하지 않고 있다. 일본은 북핵 폐기 대가로 5개국이 분담 지원키로 한 중유 지원 프로그램에 참가하지 않는 대신에 핵시설 폐기 자체에 들어가는 비용과 기술을 지원하겠다는 방안을 검토하고 있는 것으로 알려진 것은 일본 정부가 북한에 대해 얼마나 강한 불신을 품고 있는지를 잘 말해 준다.[4]

베이징 한일 정상회담 다음날 ASEM회의 이틀째 오찬 발언에서 이 대통령은 북핵 문제를 꺼냈다. 그는 6자회담 틀 안에서 인내심을 갖고 북한을 계속 설득하고 국제사회에 나오도록 해야 한다고 강조하고 북핵 문제는 한반도의 큰 위협인 동시에 세계 전체의 위협이기도 한 만큼 유럽국가 정상들도 이 문제에 관심을 가져달라고 요청했다. 바로 전날의 한일 정상회담에서 약속한 북핵 문제에 관한 공조 자세를 결과적으로 한국 정부가 나서서 적극적으로 내비친 셈이다. MB정부가 북핵 문제 등 대북 문제에서 과거 참여정부의 정책기조와는 다른 강경한 입장으로 변화를 보인 것은 일본과 공동보조를 맞춘 것으로 해석되며 북핵 문제에 관한 한일 공조 체제가 과거보다 훨씬 긴밀해지고 있는 것을 의미했다.

다만 일본이 계속 강조해 오고 있는 '납치' 문제에 대해서는 한국이 적극 동조하는 모습을 보이는 것은 바람직하시 않다는 의견이 지배적인 듯하다. 자칫 북한을 과도하게 자극할 수도 있기 때문에 이 문제로 섣불리 북한을 압박하는 것은 바람직하지 않다는 판단에서다. 그렇다고 해서 북한의 인권 문제에 대한 국제사회의 비판 움직임에 동조하지 않을 수도 없는 상황이다. '납치' 문제를 둘러싼 과제로서 한국 정부는 남북관계로 인한 손익 계산을

---

4 「日本經濟新聞」 2008年 10月 21日.

염두에 두고 어느 선에서 일본 정부의 발걸음에 보조를 맞춰야 할지 궁리해

가야 한다.

_3_
2008년 후쿠오카 한중일 정상회담

2008년 12월 13일 하루 동안 다자이후(大宰府)시에 있는 규슈국립박물관에서 한중일 3국의 정상회담이 열렸다. 3국 정상은 회의 결과로 미국발 금융위기에 효과적으로 대처하기 위한 협력 강화뿐 아니라 다양한 분야에서 '미래지향적' 협력을 강조하는 공동성명을 발표했다. 이로서 그해 10월 초 금융위기 극복을 위한 국제공조 방안의 하나로 이명박 대통령이 제안했던 3국 정상회담이 실현되었다. 마침 그해 예정되었던 ASEAN+3회의가 개최국 태국의 정국 혼란으로 연기되면서, 대신 이러한 동아시아 3국 정상의 움직임이 비록 짧은 시간의 모임이었음에도 국제사회의 언론에 주목을 많이 받게 되었다.

3국 정상들은 1999년 11월의 ASEAN정상회의 때부터 따로 모여 논의하기 시작했으며 후쿠오카(福岡) 회동이 통산 9번째 모임이다. 그러나 2008년의 3국 정상회동은 ASEAN이나 다른 기구와는 전혀 별도로 동아시아 3국만의 독립적인 모임을 시작했다는 점에서 역사적으로 가장 큰 의의를 갖는다. 특히 한국에 있어서는 GDP면에서 3국이 세계 경제의 17%를 차지하고 있고, 상대국이 달러 외환 보유에 있어서 세계 1, 2위를 다투고 있는 국가들이라는 점에서, 시장의 규모 확대와 경제위기 관리 등을 위한 장치로서 이러한 정상회담의 출발은 중요한 의미를 갖는다. 다만 이때 정상회담은 애초 하룻밤을 묵는 일정으로 계획했다가 최종 준비 단계에서 한국 측이 당일 귀국하겠다는 의견을 내놓아 하루 만에 끝내야 했기 때문에 빠듯한 일정 가운데 차분하지 못한 분위기를 보였다.

한·중·일 3국은 각각 2개국만의 정상회담을 가질 경우 각국의 국내

| 후쿠오카 규슈박물관에서 만난 한중일 정상

여론의 주된 관심사에 따라 역사인식 문제나 영유권 문제를 거론하지 않을 수 없게 된다. 그리고 이러한 문제들은 국민감정과 밀접한 관계를 가지기 때문에 정상들이 실질적인 협력 문제에 관하여 허심탄회하고 심도 있는 대화를 나누기에 곤란하다. 이러한 점에서 양자회담보다는 3자회담이 근본적으로 대립되는 국가 간 쟁점을 보류해 두고 당면한 동아시아 지역의 과제들을 해결하기 위한 방편을 모색하는 데 적절하다는 이유로 도입된 것이다. 후쿠오카회담에서 가장 구체적으로 합의된 사항은 일본과 중국이 한국 정부에 대해 통화스와프 한도를 300억 달러로 확대하기로 한 것이다. 이 외에도 동아시아 지역 내 문제로서 북핵 문제와 환경 문제, 방재(防災) 문제 등이 다양하게 논의 되었다.

다만 후쿠오카에서 공동 성명에 앞서 이루어진 양국 간 회담에서는 서로 다른 회담 분위기가 연출되었다. 일본과 중국 간의 정상회담은 센카쿠열도, 중국명 댜오위다오(釣魚島)의 영유권 문제를 둘러싸고 대체로 껄끄러운 분위기에서 진행되었다. 그해 12월 8일 중국의 해양조사선 2척이 센카쿠열도에 '침범'한 것에 대해 아소 수상이 항의하고 유감을 표명하자, 원자바오(溫家寶) 수상은 '중국 고유의 영토'라는 의견으로 맞받아치면서 대화를 통해 적절하게 해결해 나갈 것을 주장했다. 또한 양국 간 외교 현안이 되고 있는 동중국해 석유가스 유전 개발 문제에 관하여 일본 측이 조약 체결 교섭을 조속히 시작하자고 제안했으나 중국 측은 실무차원에서 협의를 계속해

| 한중일 공동성명 합의문 작성

가자고 했다. 일본이 북한의 '납치' 문제를 거론하며 6자회담 의장국인 중국에 대해 적극적인 역할을 주문했지만 명확한 대답을 얻지 못했다.

한편 그날 오전에 후쿠오카 시내의 호텔에서 열린 한일 정상회담은 비교적 우호적인 분위기 속에서 진행되었다. 이 대통령과 아소 수상은 짧은 기간에 여러 번 만나는 친숙한 관계가 되었다. 그해 9월 아소가 수상으로 선출된 이후 3개월 사이에 무려 3번째 만나게 되어 한 달에 한 번 만나게 된 셈이다. 10월의 ASEM회의 참석차 베이징을 방문했던 두 정상이 개별 회담을 가졌고, 11월의 페루 APEC회의에서도 다자간 회의에서 서로 만난 일이 있다. 이어 비공개로 열린 후쿠오카 정상회담에서 이 대통령은 아소 수상의 방한을 공식 초청했으며 조속한 시일 내에 한국을 방문하겠다는 대답을 받았다. 이밖에 금융협력 방안을 비롯하여 인적 교류 확대 방안에 대해서도 두 정상은 뜻을 같이 했다.

그러면서도 한국과 일본의 정상이 서로 의견 차이를 보이기도 했다. 예를 들어 한일 자유무역협정(FTA)과 관련해서는, 일본 측이 2009년에 경제협력협정(EPA) 협상을 재개하자는 의견을 제시했으며 한국 측은 이에 대해 직접적인 언급을 하지 않고 보호무역주의로의 후퇴에 반대하는 유보적인 입장을 표명했다. 또한 북핵 폐기를 위한 공조 필요성에 대해 양국이 공통 인식을 보이면서도 일본인 '납치' 문제와 관련하여 일본 측이 이 문제에 관한 적극적인 관심을 강조한 것에 대해서, 한국 측은 "일본 국민과 가족들의 심정을 잘 이해하고 있다"고 답하는 데 그쳤다. 때마침 일본 정부 안의 납치문제대책본부가 그해 12월 10일부터 16일까지를 '북조선 인권침해문제 계발 주간'으로 설정하고 '납치' 문제의 해결 의지를 국민들에게 홍보하는 중이었다. 이에 따라 아소 수상은 양복에 '북한에 납치된 일본인 문제 해결'이라는 문구가 달린 푸른색 배지를 착용한 채 정상회담에 임했다.

　　3국 합동회담 직전에 열린 한중 정상회담에서 양국은 2008년 '전략적 협력 동반자관계' 수립에 따른 후속 조치들이 착실히 이행되고 있다고 평가하고 양국의 금융 당국 간 통화스와프 규모 확대를 계기로 국제금융체제 개선과 G20금융경제정상회의의 후속 조치 이행을 위해 긴밀히 협력해 나가기로 했다. 원자바오 수상은 한중 FTA협상을 조속히 착수하자고 제안하면서 당시 양국 간 무역 신장률이 떨어지고 있음을 우려했다. 이에 대해 이 대통령은 FTA에 대해서는 언급을 자제하고 교역량 확대를 위해 서로 협조하자는 신중한 대답으로 대신했다. 아울러 북핵 문제와 관련하여 원자바오는 참가국 모두가 받아들일 수 있는 안이 조속히 만들어져 6자회담의 진전이 이뤄지길 바란다고 하여 간접적으로 북한 배제를 우려하는 발언을 했다. 이에 대해 이 대통령은 한국 정부가 대북 강경대치를 원하는 것이 아니라 여러 경로를 통해 대화와 협력을 하자는 제안을 해 놓고 있다고 설명했다.

_4_
2009년 초 서울 한일 정상회담

2009년에 들어 이명박 대통령은 외국 정상으로서 일본 수상을 처음 맞았다. 1월 11일 아소 수상은 2008년 9월 취임한 이래 처음으로 한국을 방문했으며 국제회의 참석을 제외하고 개별 국가 방문으로서는 처음 한국을 선택했다. 이틀간에 걸친 방한 일정을 통하여 비교적 여유 있게 경제계 인사들과의 만남과 정상회담을 진행했다. 2008년 4월 이 대통령이 취임한 직후에 일본을 방문했던 것에 이어 이처럼 일본 수상이 한국을 방문함으로써 양국 정상은 셔틀외교가 복원되었음을 여실히 보여주었다. 다자간 국제회의 등을 통해 두 정상은 과거 유례가 없을 정도로 한 달에 한번 꼴로 자주 만나왔다. 그럼에도 새해 벽두부터 이렇게 또다시 만나게 된 것은 이념적으로는 국제사회에 대해 양국의 우호적인 관계를 천명하고 현실적으로는 급변하는 국제경제 변화에 대해 양국이 공동 대처하고자 하는 의지를 서로 확인하고자 하는 이유 때문이었다.

사실 2009년 초반을 시점으로 할 때, 한일 양국의 국민 정서는 전반적으로 상대방 국민에 대해 그다지 호의적인 분위기가 아니었다. 일본의 독도 영유권 주장 움직임을 눌러싸고 2008년에 이어 2009년에 들어서도 네티즌 사이에 상호 불신감이 첨예하게 표출되고 있었다. 여기에다가 정상회담을 준비하고 있던 양국의 외교 당국을 당황하게 하는 기사가 나오기도 했다. 한국에서 가장 많은 구독자를 확보하고 있는 「조선일보」가 1월 3일자 기사에서 독도를 행정권 관할지역에서 배제한 1951년의 일본 정부 법령 두 건을 공개하기 시작하여 연일 1950년대 일본 정부의 독도 인식에 관한 문제점을 제기한 것이 그것이다. 나아가 독도수호전국연대 등의 사회단체는 일본

수상의 방한을 반대하고 항의하는 집회를 갖기도 했다.

그러나 이 회담에서 양국 정상은 상호 간의 감정을 건드리기 쉬운 역사 인식 문제와 영유권 문제를 직접적인 의제로 삼지 않았다. 한국에 도착하자마자 아소 수상이 참배한 곳은 양국 간의 역사 문제와는 거리가 있는 현충원이었다. 정상회담 후 기자회견에서는 과거사 인식 문제에 관한 질문이 나오자, 이 대통령이 "미래지향적으로 나아가고 있다"고 했으며, 아소 수상은 "성숙한 동반자 관계로 발전시켜 나가자는 데 인식을 같이 했다"고 하여 모두 직접적인 언급을 회피하고 원론적인 대답을 내놓았다. 청와대 대변인은 이날 정례 브리핑에서 한일 정상회담에서 독도나 과거사 등 민감한 문제가 다뤄지지 않은 것과 관련하여 "굳이 현안도 아닌데 그때마다 언급할 이유는 없다"고 해명했다. 양국 정상의 빈번한 만남이 결과적으로 국민 상호 간의 이해와 교류를 증진시킬 것이라고 하는 정상외교의 원칙을 강조한 것이다.

아울러 2009년 1월 정상회담은 양국의 경제교류를 촉진하기 위한 분위기 조성이라는 현실적 의미가 매우 크다. 일본의 재계 총수 18명이 아소 수상과 함께 한국을 방문한 가운데, 첫날 한국의 주요 4개 경제단체가 주최하는 오찬 간담회에 참석하여 한국과의 자유무역을 향한 경제협력협정 체

결에 강한 의지를 보였다. 한국 정부가 주최하는 환영 만찬에서도 시종 경제 교류에 관한 이야기가 오갔으며, 이 자리에서 양국 정상은 경제계 인사들에게 경제위기 극복을 위한 긴밀한 협의를 요청한 것으로 알려지고 있다.

둘째 날 오전에 1시간 정도 가진 회담 자리에서도 양국 정상은 주로 경제적인 문제에 관하여 논의했다. 자유무역 협정을 위한 실무 협의를 계속해 가기로 하고, 국제금융체제개혁, 거시경제정책, 보호무역대처 등에서 공조 협력을 강화하기로 했다. 당면한 과제로 국제금융체제 개편을 위한 실무기관인 금융안정포럼(FSF)이 2009년 3월 말에 신흥국을 영입하는 문제와 관련하여, 이 기관에 한국이 회원국으로 가입하는 데 대해 일본이 협력하기로 했다.

이 밖에도 길지 않은 회담이었음에도 양국 성상은 나양한 분야에서의 상호 협력 의지를 확인한 것으로 알려졌다. 6자회담을 통하여 북한에 대해 핵개발을 포기하게 하고, 미국에 새로 들어서는 오바마 행정부와 긴밀하게 협력해 나가자고 하는 대외정책의 기조를 서로 확인했으며, 아프가니스탄 재건을 위한 공동 협력 방안을 모색하기로 하는 등 국제사회에 기여하는 문제에도 공동보조를 맞춰 나가기로 합의했다. 또한 '아리랑 3호' 위성 발사체 용역업체로 일본 미쓰비시중공업이 선정된 것을 계기로 양국 간 우주기술, 원자력 협력도 강화해 가기로 했다. 이와 함께 양국 젊은 세대들의 인적교류 확대를 위해 워킹 홀리데이, 유학생 파견 사업, 단기 연수 프로그램 등을 적극 지원하기로 하고, 민간 차원에서 한일관계의 바람직한 미래상을 연구하는 '한일 신시대 공동연구 프로젝트'도 곧바로 본격적으로 추진하기로 했다.

_5_

2009년 도쿄 한일 정상회담

이명박 대통령은 2009년 6월 28일 하루 동안 일본을 방문하여 아소 다로 수상과 정상회담을 가졌다. 이것은 그해 1월에 일본 수상이 한국을 방문해 준 것에 대한 답방 형태로 이루어졌다. 이 대통령과 아소 수상은 단독회담과 확대회담, 공동기자회견, 양국 경제인 초청 간담회, 만찬 등으로 4시간에 걸친 긴 시간을 함께 보냈다. 2008년 7월 일본 측이 중등교과서 해설서에 독도영유권 명기를 강행함으로써 주춤했던 양국 셔틀외교가 2009년 아소 수상의 방한과 이 대통령의 방일로 정상화되는 양상을 보였다.

특히 도쿄 정상회담에서 중심이 된 화제는 북핵에 대한 공조 문제였다. 북한의 2차 핵실험을 계기로 한반도와 동북아 지역에 안보 위기가 고조된 가운데 한미 정상회담에 이어 한일 정상회담이 이루어진 것은 한·미·일 삼각공조를 재확인한 것만으로도 그 의의가 컸다. 아울러 양국 정상은 자유무역협정에 관한 논의 진전과 다양한 인적교류 사업에 합의하는가 하면, 재일한국인에 대한 지방참정권 부여 문제가 논의되기도 했고, G20금융정상회의 공조, 기후변화 대응, 아프가니스탄과 파키스탄에 대한 공동 지원 등 글로벌 이슈에 대해서도 폭넓은 의견을 나누었다.

그러나 두 정상은 독도 영유권 문제나 역사 왜곡 문제 등 민감한 이슈는 회담의 공식 의제에서 제외시켰다. 정상회담에서 역사인식 문제를 거론하는 것이 바람직한 것인지의 여부에 대해서는 여러 가지 관점이 있을 수 있다. 필자는 과거 고이즈미 수상이 스스로 야스쿠니신사에 참배했던 것과 같이, 상대국의 정상이 직접 역사인식 문제를 야기하는 상황이 아니고서는, 가능한 정상회담은 협력적인 분위기를 극대화해야 한다고 본다. 이것은 역사인

| 수상관저 만찬장으로 향하는 한일정상(왼쪽)과 2009년 도쿄 한일 정상회담(오른쪽)

식 이외의 분야에 관한 다양한 협력관계 유지를 위해서 뿐 아니라, 역사인식 문제 자체의 해소를 향한 협력관계 유지를 위해서도 필요하다고 보기 때문이다. 역사인식 문제는 서로 다른 역사와 문화를 가진 양국 사이에서 부단하게 조율하고 해소해 가야 하는 문제이지 단시일에 해결되거나 합의될 수 있는 문제가 아니다. 설령 각료급 차원에서 역사인식에 관한 공방이 발생하고 있더라도, 정상회담에서까지 옥신각신 하는 모습을 기대하는 것은 바람직하지 않다고 본다.

그렇다고 하여 국가 정상은 물론 고위 정책결정자들이 역사인식 문제가 실제로 존재하는 상황을 간과하거나 무시해서는 안 된다. 독도 영유권 문제를 포함한 역사인식 문제는 언제든지 양국 국민의 감정을 촉발시킬 수 있는 가능성을 품고 있기 때문이다. 게다가 이러한 가능성을 더욱 부추기듯이 일본 사회의 보수화 경향에 따라 정상회담을 앞둔 시기에도 일본인 우파 인사들의 과도한 언행이 계속하여 여론에 등장하고 있었다.

예를 들어 앞에서도 언급한 바와 같이 '새로운 역사교과서를 만드는 모임'의 후지오카 노부카쓰(藤岡信勝) 회장이 6월 22일에 이명박 대통령과 권철현 주일대사 앞으로 공개 질문장을 보내면서 내정 간섭을 중단하라고 요구한 일이었다. 또한 그해 4월에 일본 문부성의 검정을 통과한 지유샤(自由社)판 중학교 역사교과서를 에히메현(愛媛縣) 교육위원회가 두 달 후에 교과서로 채택하기로 한 것이 알려지기도 했다.

뿐만 아니라 정상회담이 끝난 후 몇 주 지나지 않은 7월 17일에 일본 정부가 각료회의를 통해 독도를 자국 영토로 표기한 2009년 방위백서를 발간하기로 결정한 것이 알려지면서 한국의 언론이 반일(反日) 분위기를 고조시키기도 했다. 이것은 지난 2005년 이후 매년 계속되어 온 일로, 2009 방위백서도 제1부 '일본을 둘러싼 안보환경' 부분에서 전년도 표기와 동일하게 일본 고유의 영토인 북방영토와 다케시마의 영토 문제가 여전히 미해결 상태로 존재하고 있다고 표기한 것이다.[5] 이러한 일본 정부의 움직임에 대해 국방부는 즉각 보도 자료를 내고 "대한민국 국방부는 일본 방위성이 독도를 일본 고유영토로 기술한 것에 대해 엄중히 항의하며, 일본 정부의 즉각적인 시정 조치를 요구한다"고 밝혔다.[6]

국방부의 즉각적인 반박에도 불구하고 일본의 독도 야욕에 대해 한국 정부가 너무 미온적인 대처를 하고 있는 것 아니냐는 비난이 잇달았다. 특히 이명박 대통령이 지난 달 일본을 방문한 지 한 달도 지나지 않아 독도 영유권을 주장하고 나선 만큼 정부의 '조용한 외교' 문제가 또다시 도마 위에 올랐다. 이에 대해서 한국의 야낭을 비롯한 일부 언론이 징싱회담 후 뒤통수를 맞았다고 비판하고 나섰다. '실용외교'라는 미명 아래 과거사 청산과 독도 문제에 대해 일체 언급 없이 돌아온 결과가 결국 일본의 독도 침탈을 자초했다는 신랄한 비판까지 나왔다.[7]

---

5 www.clearing.mod.go.jp/hakusho_data/2009/2009/.
6 「연합뉴스」 2009년 7월 17일.
7 민주노동당 성명 자료실. 2009년 7월 17일.

_6_

2009년 가을 서울과 베이징에서의 한일 정상회담

2009년 10월 9일 서울에서 그리고 이튿날 10일에는 베이징에서 한일 양국의 정상이 만났다. 비록 양자회담과 3자회담이라는 만남의 형식에 차이가 있었다고 해도, 이렇게 양일간에 걸쳐 서로 다른 장소에서 정상 간 회동이 이루어지는 일은 흔한 일이 아니다. 중국에서 회동하기에 앞서 굳이 한국을 방문하여 사전에 먼저 정상회담을 가진 것은 수상 취임 후 첫 동아시아 방문지로 한국을 선택함으로써 한국과의 선린 우호를 표명하고자 한 하토야마 유키오 수상의 외교적 의지에 따른 것이라고 볼 수 있다. 이렇게 볼 경우, 일본 수상이 한국에 와서 무엇을 했느냐 보다도, 수상 취임 후 단독 정상회담을 위한 첫 방문 국가로 한국을 방문했다는 것 자체에 큰 의미를 부여해야 할 것 같다.

하토야마의 서울 방문에 대한 또 하나의 시각으로서, 다음날 회동에 대한 사전 조율 내지 공감 형성이라는 외교적 의도가 표출된 것이라고 볼 수도 있다. 이번에 서울과 베이징에서 공통적으로 하토야마 정부가 '동아시아 공동체 구상'을 강조하고 이명박 정부가 '그랜드 바겐' 이니셔티브를 내세웠던 것에 비추어, 한일 정상의 서울 회동이 중국에 대한 사전 견제를 위한 모임이었다고 보는 것도 무리가 아니다. 일본이 자유무역 확대를 통하여 추구하고자 하는 새로운 지역질서 구상이나 한국이 북핵 폐기를 목표로 주변국의 공동보조를 이끌어내려고 하는 구상은 여전히 명확한 로드맵을 갖지 않은 것으로 중장기적으로는 동아시아 중심국인 중국과 조율해 나가야 할 과제들이다. 자칫 섣불리 한일 양국의 목표나 의도가 앞서게 되면 중국으로부터 합의를 도출해 내기가 훨씬 어려워질 수 있기 때문에 미리 한일 양국

| 2009년 10월 한일 정상의 만남(왼쪽)과 한일 정상회담 모습(오른쪽)

이 점검하면서 신중하게 접근해 가자는 데 뜻을 모은 것으로 보인다.

하토야마 부부는 짧은 체제 시간을 이용하여 서울에서 국립현충원, 인사동 등을 방문하여 한국인들의 감성을 달래는 데 주력했다. 한국과의 적극적인 교류를 추진하겠다는 수상의 평소 의지를 퍼포먼스를 통해 보여주었다고 생각한다. 그러나 아직 정권 초기라는 한계가 있기도 하여 역사인식 문제와 재일한국인 참정권 문제에 관한 구체적인 행동이나 정책을 보이지 않은 것은 한국인들의 기대에 미치지 못한 부분이었다. 게다가 일찍이 한국 정부가 요구하여 일본 정부 내부에서 취합이 된 것으로 알려지고 있는 일제강점기 피동원 조선인 노무자들의 공탁금 자료에 대해서조차 이번 수상 방한 과정에서 아무런 움직임을 보이지 않음으로써 혹시라도 새로운 민주당 정부의 '선물'을 기대했던 사람들에게 실망을 안겨 주었다.

한국 정부는 서울 정상회담의 가장 큰 성과로 북핵 문제에 대한 공조를 강화하자는 데 의견을 모은 것을 들었다. 한일 정상은 북핵 문제의 해결을 위해서는 북한의 근본적인 변화가 필요하다는 점, 유엔 제재 결의를 이행하여 북한을 6자회담에 복귀하도록 해야 한다는 점을 확인했다. 특히 일본 수상은 이 대통령의 '그랜드 바겐'에 대해 '아주 정확하고 올바른 방안'이라며

| 베이징 한중일 정상회담

전적인 공감을 표시했다. 그런데 이 회담에서 일본 측은 '그랜드 바겐'의 항목에다가 그간 자민당 정부 때부터 지속적으로 제기해 온 '납치' 문제를 추가 포함하기로 했다. 그러나 이렇게 한일 양국이 북핵에 대한 강경한 방침을 밀어부친다고 해서 북핵 문제가 순조롭게 풀리는 것이 아니고 오히려 북한과의 대립만 깊어가기 쉽다는 문제점이 지적되기도 했다. 여기에 원자바오 총리가 북한을 방문한 것을 계기로 북한의 대화 의사가 감지되고 이에 따라 중국이 북한에 대한 경제적 지원을 강화하는 마당에, 북한을 둘러싸고 중국과 한일 양국이 대립 구도를 조성해 갈 가능성이 커지지 않을까 우려하는 목소리도 있었다.

만약 일본 측이 원하는 대로 '납치' 문제도 북핵 문제와 함께 해결해야 하는 문제로 이해할 경우, 종래의 북일관계에 비추어 '그랜드 바겐'은 앞으로 더욱 북한의 입지를 좁게 하고 북핵 타협의 가능성을 떨어뜨리는 제안이 될 소지가 큰 것이었다. 다만 북핵만 포기한다면 '납치' 문제를 거론하지 않겠다는 의미로 해석할 경우에는 일본 측으로서는 전혀 다른 성격의 제안이 되고 만다. 이에 대해서는 한일 양국 사이에 명확한 확인 작업이 필요한 것이었음에도 애매하게 서로 다른 해석을 유지한 듯하다. 10일에 열린 베이징 3자 회담 후 원자바오 총리는 한국의 '그랜드 바겐' 제안에 대해 "개방적 태도로 협의해 나가겠다"고 했다. 반면에 하토야마 수상은 전날의 전적인 공감 표명과는 달리, "그랜드 바겐에도 통하는 부분이 있다"고 하여 공감의 수위를 낮추는 발언을 했다. 이것은 '납치' 문제를 어떻게 가지고 갈 것인지 한중일 3국의 견해가 다르게 나타나고 있다는 것을 암시하는 대목이었다.

일본 정부는 2009년 서울과 베이징 회담에서 하토야마 수상이 제안한 '동아시아 공동체 구상'에 대해 한국과 중국으로부터 동의를 얻어냈다는 것을 가장 큰 외교적 성과라고 했다. 그리고 베이징 회담의 결과를 같은 달 하순에 태국에서 열리는 ASEAN 관련 정상회의로까지 확대해 가겠다고 했다. 새로운 민주당 정부가 이제까지 미국에 너무 의존해 온 것을 재고하고 주변국을 중시하는 외교를 전개하고자 하는 의지를 충분히 전달하겠다는 것이었다. 구상의 가시적 성과로는 베이징 회담에서 한중일 3국 재계 인사 간에 '비즈니스 서미트'를 발족하여 3국 간 자유무역협정(FTA) 추진을 위한 의견 교환의 장을 마련한 것을 꼽을 수 있다. 하토야마는 회담 후 기자회견에 서 3국 간 FTA가 조속하게 체결되기를 희망한다고 하면서 그에 앞서 2010년 이른 시기에 3개국 투자협정을 체결하고 싶다는 속내를 드러냈다.

그러나 3국이 공동체 구상을 논의할 수 있으려면 그에 앞서 수많은 장애 물들을 극복해야 한다. 무엇보다 역사인식이나 영유권 문제가 3국 간에 걸 쳐 무거운 갈등 요인으로 존재하고 있다. 중국의 패권주의와 일본의 군사대 국화에 대한 주변국의 불신도 만만치 않다. 또한 자유무역이 초래할 무역 적자와 사회적 파장, 국가체제의 위협 등을 우려하는 목소리가 높다. 결국 공동체 구상은 새로운 동아시아 질서를 둘러싼 중국과 일본의 또 다른 주도 권 경쟁을 의미하는 것이라고 할 수 있다. 이것은 베이징 회담 직후 원자바오 총리가 "동아시아에 기존 메커니즘은 많이 있다"고 하여 일본의 주도권에 대한 견제를 표명한 것이나, 공동성명에도 일본에서 제기한 구상을 '장기적 인 목표'로 명기하여 서두를 필요가 없다는 입장을 관철시킨 것을 통해서도 잘 알 수 있다. 여기에다가 구상을 명확히 하거나 실현하기 위하여 한국과 일본이 미국과의 관계에서 얼마나 자율성을 확보할 수 있을지도 미지수다.

7

2009년 한일관계에 대한 평가

2009년 한일관계에 영향을 미친 가장 큰 사건은 일본에서 일어난 정권 교체다. 8월 말 일본의 중의원 선거에서 민주당이 압승을 거두며 40년 이상 계속되어 온 자민당 정권이 무너졌다. 지난 자민당 시절에 비추어 볼 때 민주당의 핵심 인사들이 비교적 한국과의 관계에 관하여 보다 전향적인 자세를 갖고 있었다. 따라서 한일관계에 관심을 가진 사람들이라면 모두 민주당 정부에 대해 양국의 역사 갈등 문제를 완화시켜 줄 것을 기대하는 바가 컸다.

2009년에는 특히 한일 양국의 정상이 빈번하게 만나 협력 외교 분위기를 유지시켰다. 1월 중순에 아소 다로 수상이 한국을 방문했고 6월 하순에는 이명박 대통령이 일본을 방문하여 셔틀 정상회담을 가졌다. 하토야마 유키오 수상 역시 취임한 지 얼마 되지 않은 10월 초에 한국을 방문하여 양국 간의 관심사를 논의했다. 이외에도 9월 하순의 뉴욕 유엔총회와 10월 초 베이징 한중일 정상회담과 같은 다자간 회의 기회를 이용해서 양국 간의 우의를 확인했다. 이러한 외교적 화해 무드에 힘입어 양국 국민 사이에 상대 국민에 대한 인식이 지난 참여정부 시절과 비교하면 크게 호전된 것으로 보인다.

하지만 2009년에 들어서도 여전히 양국 간에는 독도 영유권 주장 문제를 포함한 역사인식 문제가 언제든지 양국 국민의 감정을 촉발시킬 수 있는 개연성이 존재했다. 이러한 개연성을 더욱 부추기듯이, 일본 지방단체의 '자유사관' 역사교과서 채택 움직임이나 정치가들의 야스쿠니신사 참배가 보인 바와 같이, 일본 사회의 보수화 경향에 따라 일본인 우파 인사들의 역사인식을 거스르는 언행이 심심치 않게 여론에 등장했다. 이것은 앞으로도

| 2009 서울 한일축제한마당 로고(왼쪽)와
도쿄 한일축제한마당에 참석한 유인촌 장관과 하토야마 수상 부인(오른쪽)

언제든지 역사 문제를 둘러싸고 양국의 외교적 갈등이 재연될 소지가 많다는 것을 말해 준다. 한일관계의 현실과 미래를 소중히 생각하는 사람이라면 역사인식에서의 명분과 상호교류 확대를 통한 실리 가운데 어느 하나도 소홀히 할 수 없다.

고이즈미 이후로는 일본 수상들이 야스쿠니 참배를 자제해 오고 있는 가운데, 이제 한일관계에서 외교적 쟁점이 되고 있는 역사인식 문제로서는 독도 영유권 주장 문제와 역사교과서 문제가 남아 있다. 먼저 2009년에 제기된 독도 영유권 주장 문제를 간략하게 살펴보자. 2009년이 끝나가는 시기인 12월 25일 일본 정부가 공개한 고등학교 교과서 학습지도요령 해설서에는 독도에 대한 직접적인 언급이 없는 가운데 "중학교에서 가르친 것과 일본이 정당하게 주장하는 입장을 기초로 해서 영토문제에 대한 이해를 깊게 할 필요가 있다"라고 기술되어 있었다. 따라서 한국 정부는 외교통상부 대변인 명의로 논평을 내고 양국 간에 어떠한 영토 문제도 존재하지 않는다는 기본 입장만을 밝혔다. 그런데 가와바타 다쓰오(川端達夫) 문부과학상이 기자회견에서 '독도'를 지칭하며 자국의 고유 영토라고 발언하자 유명환 외교통상부 장관은 주한 일본대사를 외교부 청사로 불러 유감을 표명했다. 그러나 주일대사 일시귀국 조치 등 더 이상의 강경 대응은 취하지 않았다. 지난 2008년 7월에 일본 문부과학성이 중학교 새 학습지도요령 사회과 해설서에 독도가 일본의 영토라는 취지의 내용을 명기한 것이 알려지면서 한 달 내내 독도 문제로 한일관계가 냉각되었던 것에 비하면 2009년에는 비교적 외교적 마찰이 없이 지나갔다.

그러나 앞으로도 언제라도 일본이 독도의 영유권을 주장하고 나올 수 있다. 이러한 상황에서 한국이 취해야 하는 방책 또한 자명하다. 기본적으로 한국 국민들이 단발적으로 독도 문제에 대해 감정을 내세우기에 앞서 일본 정부의 움직임에 대해 냉철하게 관찰하는 태도를 가져야 한다. 독도 영유권 문제에 관한 일본의 인식이 쉽게 변화할 것으로 기대하는 것은 금물이다. 단기적으로는 한국의 영유권을 주장할 수 있는 충분한 자료와 근거 제시, 그리고 지명 표기를 바로잡기 위한 적극적인 외교적 노력에 힘을 실어야 한다. 그러기 위해서는 기본적으로 미국을 비롯한 국제사회와의 우호적인 외교관계 유지가 필수적이다. 궁극적으로는 국력에 기반을 둔 외교력 신장만이 보다 확실하게 국제사회를 우리 편으로 끌어들일 수 있는 방책인 것이다.

또한 2009년에도 역사교과서 문제가 발생했다. 4월 초 '새로운 역사교과서를 만드는 모임'(새역모)이 만든 지유샤(自由社)판 중학교 역사교과서가 일본 문부과학성의 검정을 통과하면서 발생한 것이다. 검정 통과가 알려지자 한국 정부는 곧 바로 외교통상부 보도관 성명을 통해, "여전히 과거의 잘못을 합리화하고 미화하는 잘못된 역사인식에 기초한 역사교과서"를 합격시킨 것에 항의하고, 일본의 청소년들이 왜곡된 일부 교과서를 통하여 잘못된 역사관을 갖게 될 것을 우려한다고 발표했다. 일본 역사교과서 문제는 일본 정부의 애매한 전후 역사인식을 기반으로 하여 일본 사회의 보수화 경향에 따라 발생하는 문제다.

한일 양국 정부는 국가 간 사업으로 역사공동연구사업을 시행해 오고 있다. 2001년 10월 한일 정상회담에서 합의한 것에 따라 2002년 5월에 '한일 역사공동위원회'가 발족했으며 고대사, 중근세사, 근현대사 등 3개 분과로 나뉘어 공동 연구를 추진하고 2005년 6월에 제1기 연구결과를 내놓았다. 이어 2007년 6월부터 교과서 소그룹을 추가하여 제2기 활동에 들어갔으며 2010년에 최종 보고서를 내놓기로 했다. 그러나 양국 위원 사이에 특히 근현 대 역사적 사실을 둘러싸고 관점의 차이가 심한 데다가 타협하기에 어려운 점이 많아 '공동연구'로서의 성과를 기대하기가 쉽지 않다. 무엇보다도 양국 의 국내 학계의 움직임을 반영하여 양국 위원들이 자국 중심 혹은 자민족 중심의 역사관을 굽히지 않고 있어 결과적으로 보고서에 각각의 입장을 따 로따로 제시하는 데 그칠 가능성이 크다. 그렇다보니 공동위원회의 연구 결과가 쌍방의 역사교육에 그다지 영향을 줄 것으로 기대하기도 어렵다.

_8_
미국의 독도 문제 인식과 한일관계

2008년 7월 14일 일본 문부과학성이 중학교 새 학습지도요령 사회과 해설서에 독도가 일본의 영토라는 취지의 내용을 처음으로 명기함으로써 한일관계가 급속히 냉각되기 시작했다. 후쿠다 수상의 '노력'에 의해 독도가 일본의 영토라고 하는 직설적인 표현은 사용되지 않았다고 하더라도, 독도를 둘러싼 양국의 문제에 대해 "북방영토와 마찬가지로" 일본의 영토 영역에 관한 이해를 심화시킬 필요가 있다고 함으로써, 결과적으로 독도에 대한 일본 정부의 영유권 의지를 분명히 했다. 이에 대해 한국 정부는 즉각 일본 정부에 항의하는 한편, 주일 대사를 소환하는 등 강경하게 대응하는 모습을 보였다. 한국의 모든 대중 언론 매체들이 연일연야 일본을 성토하는 보도를 내보냈으며, 이러한 분위기 가운데 수많은 관민 단체들이 일본과의 교류를 중단하거나 보류하는 사태가 빚어졌다.

반일(反日) 보도의 열기가 식어질 즈음, 이번에는 미국 정부에 의한 움직임이 한국의 대중 언론 매체를 독도 문제로 휩쓸게 했다. 그해 7월 25일 미연방 지명위원회(United States Board on Geographic Names)가 독도의 귀속 국가에 대해 종래 괄호를 사용하여 한국을 표기해 오던 것을 '주권 미지정(undesignated sovereignty)' 지역이라고 함으로써, 이른바 분쟁 지역으로 명기했기 때문이다. 뒤늦게 27일 이태식 주미대사가 이러한 사태에 대해 적절한 조치를 취하지 못한 데 대해 책임감을 느끼고 유감스럽게 생각한다고 하며 사과의 뜻을 밝혔다. 이어 외교통상부는 세계 각국의 독도 '오기(誤記)'에 효과적으로 대응하기 위해 신각수 제2차관 산하에 태스크포스를 신설하기로 했다고 보도문을 냈다.

외교통상부는 미국의 지명위원회가 분기마다 회의를 개최하는 데 이의를 제기하면 일단 이를 재검토하게 될 것으로 안다고 하며 이러한 외교적 노력을 경주하겠다고 하는 의지를 밝혔다. 하지만 한국 정부가 독도 문제에 집착하여 아무리 외교적으로 애를 쓴다고 해도 '주권 미지정'을 '한국'으로 변경시키는 것은 그리 쉽고 단순한 일이 아니었다. 지명위원회의 견해에 따르면, 이번 변경 조치는 이제까지 독도, 다케시마, 리앙쿠르 록스(Liancourt Rocks) 등을 혼용함으로써 발생해 오던 혼선을 막기 위해 중립적인 용어인 '리앙쿠르 록스'로 표준지명을 결정했던 1977년 결정을 뒤늦게 현실화한 것이라고 하고 있기 때문이다.

미국 정부는 1977년 7월 14일부터 '독도' 대신에 '리앙쿠르 록스'라는 명칭을 공식 사용해 오고 있다. 이렇게 볼 때, 지명위원회가 이제까지 취해 온 입장은 독도의 영유권을 주장하는 한국 측 견해와, 다케시마의 영유권을 주장하는 일본 측 견해 등을 모두 표기해 온 것이지 한국의 영유권만을 옹호하여 표기해 온 것이 아니라는 것이며 한국 측에 대해 유화적인 입장을 취해 왔다는 것이다.

보다 더 큰 문제는 지명위원회가 이번 조치에 대해 "미국 정부의 정책에 부합되도록 하기 위한 단순한 데이터베이스 정비작업"이라고 하며 특별한 의미 부여를 배제하고 있다는 데 있다. 독도를 영토 분쟁 지역으로 보고 개입을 자제하며 중립적 태도를 보여 온 미 국무부의 뜻을 반영하는 단순한 기술적 결정에 지나지 않는다고 밝힌 것이다. 돌이켜보면 '해설서' 문제로 한일 간 외교적 공방이 치열하던 2008년 7월 17일에도, 미 국무부 대변인은 정례 브리핑에서 독도 문제에 대해 중립적인 입장을 취할 것이며, 이 문제는 새로울 것이 없고 한일 두 나라가 해결해야 할 문제라고 밝힌 바 있다. 이러한 국무부의 입장 표명에 따라 지명위원회가 데이터베이스 정비 작업의 일환

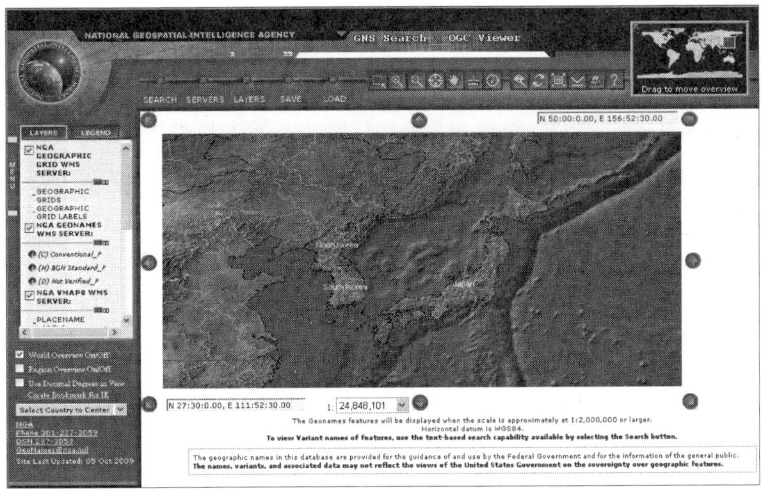

| 미국 지명위원회 웹사이트

으로 '표기 변경'에 착수한 것으로 보는 것이 옳을 것이다.

전후 일관되게 미국은 독도 문제와 관련해서는 분쟁 지역으로 간주해 왔다. 이러한 자세에 대해 미국은 자신이 '중립적' 입장을 견지해 오고 있다고 하지만, 독도를 분쟁 지역으로 간주하지 않는 우리 측에서 볼 때는 미국이 다소 일본 쪽을 두둔해 온 것으로 평가하지 않을 수 없다. 주지하다시피 일본은 1951년 9월 미국 등 48개 연합국과 맺은 샌프란시스코강화조약 제2장 제2조 (a)항에서 일본은 한국의 독립을 인정하면서 "제주도(Quelpart), 거문도(Hamilton), 울릉도(Dagelet) 등" 여러 섬을 포함하는 한국에 대한 모든 권리와 청구권을 포기한다고 규정했으며, 여기에 독도가 포함되지 않았다고 하면서 오늘날에 이르기까지 기회가 있을 때마다 계속하여 독도에 대한 영유권을 주장해 오고 있다. 이러한 일본 측 주장은 미국의 일관된 '중립적' 입장이라는 버팀목이 있기 때문에 거리낌 없이 제기되어 온 것이다.

그런데 미국은 대일강화조약 초안을 마련할 때부터 독도 문제에 관하여 일본 측을 지지하는 입장을 표명해 왔음을 상기할 필요가 있다. 한국 동란의 와중에서 이승만 정부는 대일강화조약 초안을 접하고 1951년 7월과 8월에 양유찬 주미 대사를 통하여 "제주도, 거문도, 울릉도, 독도 및 파랑도를 포함한 일본에 의한 한국의 병합 전에 한국의 일부로서 섬들에 대한 모든 권리, 권원 및 청구권을 1945년 8월 9일 포기한 것을 확인한다"라고 문구를 개정할 것을 요청했다. 독도와 파랑도의 영유권을 주장한 것이다. 참고로 파랑도는 이어도(離於島) 또는 소코트라암(Socotra Rock), 중국어로 수얀쟈오(蘇岩礁)라고 불리며 마라도에서 서남쪽으로 152㎞ 떨어진 동중국해(東中國海)에 있으며 암초(暗礁) 정상이 바다 표면에서 4.6m 아래에 잠겨있어 파도가 심할 때만 그 모습을 드러낸다. 1900년 영국상선 소코트라호에 의해 처음 존재가 알려졌으며 1984년 제주대학교 팀의 조사로 그 실체가 확인되기도 했다.

아무튼 이승만 정부 측의 독도 영유권 주장에 대해, 당시 미 국무부 극동담당 차관보 러스크(Dean Rusk)는 1951년 8월 10일자 회답 서신을 통해 한국 측 주장을 일축하고, "독도, 또는 다케시마, 리앙쿠르 록스로 알려진 섬에 대해서 무인도인 이 섬은 우리 정보에 의하면 한국의 일부로서 취급되었던 적이 전혀 없고, 1905년경부터 일본의 시마네현 오키 지청의 관할하에 있었다. 이 섬에 대해 일찍이 한국에 의한 영토 주장이 있었다고 보이지 않는다"라고 했다.[8] 또한 1954년에 작성된 밴 플리트(Van Fleet) 특명보고서에도 미국 정부의 견해가 그대로 드러났다. 한국전쟁 때 주한미군사령관을 지낸 밴 플리트가 아이젠하워 대통령 특사로 한국과 일본 등을 방문한 뒤 작성한 이 보고서는 "미국은 독도를 일본 영토라고 생각하지만 논란에 끼어

---

8 http://en.wikisource.org/wiki/Index:Rusk_note_of_195.

드는 것을 기피해 왔다"면서 이 문제가 국제사법재판소에 회부돼야 한다는 게 미국 입장이라고 밝혔다.[9]

2008년 지명위원회가 독도를 '주권 미지정'으로 명시함에 따라 미국 입장이 또다시 분명해졌다. 현재 지명위원회의 외국지명 웹사이트를 보면, 북위 37도 15.00 동경 131도 52.00에 위치한 섬에 대해 표준 명칭으로서는 'Liancourt Rocks'로 표기하고 있으며, 남한(South Korea)과 해양(Oceans)에 귀속된 섬으로 보고 있다. 이 섬의 별칭으로는 'Chuk-to', 'Dog-do', 'Dogdo Island', 'Hornet Islands', 'Take-shima', 'Take Sima', 'Tŏk-do', 'Tok-to' 순으로 기록되어 있다.[10] 비록 '주권 미지정'이라는 표기를 철회하기는 했지만 여전히 해양에 귀속된 섬이라는 표기를 하고 있어 여전히 독도가 분쟁 지역이라는 미국의 인식을 그대로 보여주고 있는 것이다.

이처럼 미국이 중립적인 입장을 내세워 독도를 분쟁 지역으로 보고 있고, 일본은 이러한 국제사회의 움직임에 편승하여 지속적으로 독도의 영유권을 주장해 나가고 있는 상황에서 한국이 취할 수 있는 방책은 무엇인가. 앞에서 지적한 바와 같이 기본적으로 한국 국민들이 단발적으로 독도 문제에 대해 감정을 내세우기에 앞서 미국이나 일본 정부의 움직임에 대해 냉철하게 관찰하는 태도를 가져야 한다. 미국의 인식을 변경시키기 위해서는 지난(至難)의 과제이기는 하지만, 단기석으로 한국의 영유권을 주징힐 수 있는 충분한 자료와 근거 제시, 그리고 지명 표기를 바로잡기 위한 적극적인 외교적 노력이 필요하다. 그러기 위해서는 무엇보다도 미국과의 우호적인 관계 유지가 필수적이다. 궁극적으로는 국력에 기반을 둔 외교력 신장만이 보다 확실하게 미국을 우리 편으로 끌어들일 수 있는 방책임은 두말할 나위

---

9 「세계일보」 2006년 3월 27일.
10 geonames.nga.mil.

| 미국의 독도 미지정 움직임에 항의하는 민주노동당 당원

없다.

또한 한국 정부는 일본 측 움직임에 대해 단호하면서도 중장기적인 대응책을 마련해 가야 한다. 종래의 움직임에 비추어 볼 때 일본이 앞으로도 취할 것으로 예상되는 움직임으로서 다음 세 가지를 들 수 있다. 첫째, 국제사법재판소에 독도 문제를 제기하고자 하는 움직임으로, 1954년 한국 정부에 대해 구술서를 보냈던 것처럼 독도 문제에 대한 자국민의 요구 압박이 강화되면 언제든지 국제사법재판소에 제소하자는 외교적 주장을 제기할 가능성이 있다. 둘째는 다방면에 걸쳐 독도가 자국의 영토임을 주장하고 한국의 '과도한' 움직임에 대해서는 부단하게 항의할 것이다. 이러한 움직임은 근래에 들어 '해설서' 문제로 나타나듯이 일본 사회의 전반적인 보수화 경향과 맞물려 중앙정부와 지방정부가 나서서 다각도로 영유권 주장에 나서고 있는 것으로도 충분히 예견할 수 있다. 셋째는 독도 영해에 대한 침범과 같은 도발적인 움직임이다. 해상보안청 혹은 해상자위대 선박에 의한 의도적인 침범 행위로 과거에도 수차례에 걸쳐 시도한 일이 있다.

_9_
미국의 북한 테러지원국 해제와 한일관계

미국 국무부 대변인 숀 매코맥은 2008년 10월 11일 특별 기자회견을 갖고 북미 교섭을 통해 미국이 추구했던 모든 요소들을 금후 핵 검증 패키지에 포함하기로 했다는 것을 조건으로 하여 북한을 테러지원국에서 해제하기로 결정했다고 밝혔다. 이 결정은 며칠 전 북한을 방문했던 크리스토퍼 힐 국무부 차관보와 김계관 북한 외무성 부상 사이에 합의된 것에 따른 것으로 조지 부시 대통령의 최종 재가를 받아 발표된 것이다. 북한의 외무성 보도관은 이튿날 즉각적으로 미국의 해제 조치 발표를 환영하는 성명을 내놓았으며 "우리도 행동 대 행동의 원칙에 따라 영변 핵 시설의 불능화 조치를 재개하고 미국과 국제원자력기구(IAEA) 감시요원의 임무 수행을 다시 인정하기로 했다"고 발표했다.

미국은 1988년 1월에 북한을 테러지원국 명단에 올렸다. 이것은 1983년 10월의 아웅산 폭탄테러 사건과 1987년 11월의 대한항공기 폭파 사건에 따른 조치였다. 그런데 2008년의 해제 조치로 북한은 20년 9개월 만에 테러지원국이라는 국제적 오명을 벗게 됐다. 미국 정부는 2008년 8월 북한을 테러지원국으로부터 해제할 수 있는 행정 권한을 확보했음에도 그긴 핵 프로그램 검증 문제를 둘러싸고 북한이 협조적이 아니라는 이유를 들어 테러지원국 해제를 유보해 왔다. 북한은 이러한 미국의 유보 조치가 2007년 10월에 6자회담에서 결정한 '핵 불능화 제2단계' 달성을 위한 합의 사항을 어긴 것이라고 하며 핵시설 복구와 검증 절차 중단도 불사하겠다는 자세로 대항했다. 이렇게 파국 위기까지 치닫던 북핵 문제는 2008년 해제 조치로 일단 불능화 작업을 위한 본궤도로 복귀하게 되었다.

| 북한 테러지원국 해제를 발표하는 미국 국무부 대변인(왼쪽)
북한 테러지원국 해제에 반대하는 대북인권단체 회원(오른쪽)

하지만 미국의 해제 조치는 일본 정부를 당혹스럽게 했다. '납치' 문제에 전혀 진전이 보이지 않는 것을 이유로 하여 일본은 미국에 대해 해제의 유보를 계속 요구해 왔기 때문이다. 2008년 8월에 북한과의 실무자 협의에서 그해 가을까지 완료하기로 합의했음에도 '납치' 문제에 관한 재조사 작업이 전혀 실행되지 않은 상황에서 테러지원국 해제 조치가 먼저 이루어진 것은 일본 정부의 체면을 손상시키기에 충분했다. 연내 중의원 해산과 총선을 저울질하고 있는 아소 내각으로서는 '납치' 문제에 관한 외교력 실추로 일본 국민의 표심을 잃을 것을 우려하지 않을 수 없는 사태가 벌어진 것이다.

이러한 일본 정부의 입장을 이해하고 부시 대통령이 해제 조치 발표와 함께 일본 시간으로 심야 시간에 일본 수상에게 전화를 걸어 미국의 입장을 변호하고 일본을 설득했다. 콘돌리자 라이스 국무장관도 나카소네 히로후미(中曽根弘文) 일본 외상과의 전화 통화를 통해 이번에 미국이 북한 측에 대해 새로운 핵시설 검증안을 제시했으며 조건이 만족되지 않으면 다시 테러지원국 명단에 올릴 수도 있다고 설명했다. 그리고 그녀는 미국 정부가 가능한 일본인 '납치' 문제 해결을 적극적으로 도울 것이라는 립 서비스를 잊지 않았다.

아소 다로 수상은 그 이튿날 기자단에게 "북한의 핵 불능화에는 실질적으로 검증할 수 있는 틀을 만드는 것이 가장 중요하며 이를 위한 방편으로 해제 조치를 이용했다"고 하며 부시 대통령의 전화 내용을 그대로 전하고 일본이 요구하기 전에 미국이 앞서 성의 있게 설명해 왔음을 강조했다. 납치 문제 담당 장관을 겸임하고 있던 가와무라 다케오(河村建夫) 관방장관도 이튿날 기자회견을 통해 "일본의 납치 문제에 대한 정책은 해제 조치에 의해 한걸음도 후퇴하는 일은 없을 것"이라는 원론적인 입장을 밝혔다.

반면에 같은 날 야당 민주당의 하토야마 유키오 간사장은 미국의 해제 조치에 대해 미국은 일본을 고려하지 않고 독단적으로 결론을 내놓음으로써 일본 외교에 커다란 수치를 안겼다고 말하고 일본 정부의 미숙한 외교적 대응을 성토했다. 그는 북미 간 합의에 대해 "지극히 위태롭고 매우 애매한 합의다. 북한으로부터 납치 문제 재조사 연기 등으로 비웃음을 당한 것은 일본 정권의 취약함이 초래한 결과"라고 지적했다.

중국 정부는 미국의 해제 조치를 환영했고 한국 정부도 6자회담의 경색 국면을 타개하는 계기가 될 것으로 보고 6자회담 진전 상황에 따라 이미 제공하기로 되어있는 철강재 3000톤 등을 지원할 것을 공표했다. 결과적으로 '납치' 문제를 앞세운 일본의 대북강경정책이 국제적으로 설득력을 점차 잃어가고 있는 듯이 보였다. 그럼에도 일본 정부는 미국의 해제 조치와는 관계없이 그해 10월 13일로 기한이 끝나는 북한에 대한 경제제재를 6개월 더 연장하기로 이미 결정한 것에 대해 아무런 태도 변화도 보이지 않았다. 일본은 그해 4월에 이어 네 번째로 대북 제재 조치를 연장한 것이다.

미국의 해제 조치 결과로 머지않아 북미 간 핵검증 합의를 추인하기 위한 6자회담도 열릴 것으로 기대를 갖게 했다. 긍정적인 시나리오대로라면 6자회담 이후 북한에 대한 검증 작업이 우선 북한이 신고한 시설로부터 시작될 것이고 그리고 나서 미신고 시설로 순차적으로 진행될 것으로 보였다. 그러나 미신고 시설의 경우에는 북한과 미국이 상호 동의해야 한다는 전제가 달려 있어 실제 검증이행 과정에서 논란이 예상되기도 했다. 결과적으로 미국의 해제 조치 이후 북한은 국제원자력기구(IAEA) 사찰단의 영변 핵시설 접근 허용과 불능화 작업 재개 의사를 밝혔으나 2009년 1월 버락 오바마 대통령 취임을 계기로 6자회담을 핵군축회담으로 전환하자고 요구하면서 불능화 작업에 시간을 끌었다. 여기에다가 북한의 핵보유국 지위를 인정하지 않는 미국, 한국, 일본, 중국, 러시아에 맞서, 북한은 미사일 발사와 2차 핵실험 실시 등으로 벼랑끝 외교로 대응했다. 북한은 핵 불능화를 위해서는 북한을 제외한 5개 국가들이 이에 상응하는 경제적 보상을 해야 한다고 하는 주장을 굽히지 않았다.

_10_
북한의 핵실험과 한일관계

　　2009년 5월 25일 아침 북한이 지하 핵실험에 성공했다고 발표했다. 오전 9시 54분경에 함경북도 길주군 풍계리 부근에서 2006년 10월에 이어 두 번째 핵실험을 실시한 것이다. 뿐만 아니라 그날 오후에는 지대공 단거리 미사일 3발을 발사한 것으로 알려지고 있다. 경제적으로 곤란을 겪고 있고 김정일 총서기의 건강 악화 등으로 곤경에 빠져 있는 북한이 국내적으로 주민들의 관심을 결속시키고 대외적으로 미국과의 직접 교섭을 유도하기 위해 핵실험이라고 하는 가장 강력한 수단을 사용한 것이다. 2009년 4월에도 장거리 탄도미사일로 보이는 '로켓'을 발사했지만 북한은 국제사회에서의 고립으로부터 벗어나기는커녕 오히려 고립을 심화시켰다. '로켓' 발사 이후 북한은 6자회담에 불참하기로 하고 '자위적인 핵 억지력 강화'를 추진하겠다고 선언한 바 있다. 2009년의 핵실험으로 북한은 그 선언을 서둘러 실행했고 그 결과 더욱더 심각하게 국제사회와 대치하는 국면을 만들었다.

　　북한의 2차 핵실험 사실을 확인한 일본 정부가 신속하게 유엔 안보리 의장국인 러시아에 대해 긴급회의 개최를 요구하고 나섰다. 지난 2006년 북한의 1차 핵실험 직후 안보리는 결의 1718호를 통해 북한의 핵실험에 대한 비난과 추가 실험 중지 요구, 포괄적인 제재 방안 등의 결의를 내놓은 바 있다. 2009년 4월에도 의장 성명의 형태이기는 했지만 북한에 대해 안보리가 결의 1718호를 준수하도록 권고하는 움직임을 보인 바 있다. 이런 상황에서 또다시 북한의 핵실험이 알려지자 6월 13일 미국 일본 러시아 중국 등은 안보리 결의 1874호를 만장일치로 채택하고 북한의 핵실험을 강력히 비난했다. 안보리 결의 1874호는 무기금수 범위는 물론 화물검색, 금융·경제제재 강화 등에 있어서 그 제재 범위와 수준이 이전 결의 1718호보다 확대되었다.

버락 오바마 미국 대통령은 5월 25일 성명을 통해 "북한의 핵무기 개발 시도는 탄도미사일 프로그램과 함께 국제 평화와 안보에 대한 위협"이라고 밝혔으며 북한에 대해 "무모하게(recklessly) 국제 사회에 도전하고 있다"고 비난했다. 이어 오바마 대통령은 "우리는 동맹국과 6자회담 참가국, 유엔 안보리 회원국들과 협력해 왔고 앞으로도 계속 협력해 갈 것"이라고 언급하고 "북한의 위협적인 행동에 의해 조성된 위험은 국제사회의 행동을 정당화시켜 줄 것"이라고도 했다. 북한의 추가 제재 등을 포함하여 관련국과의 긴밀한 공조 방침을 천명한 것이다.

러시아 정부의 공식적인 입장으로서는 러시아 외교부가 5월 25일 홈페이지에 올린 글에서 이번 북한의 핵실험이 동북아시아에 긴장을 고조시키고 역내 안보와 안정을 위협하는 행위이며 이것은 분명히 안보리 결의 제1718호를 위반한 행동이라고 평가한 것으로 알려졌다. 북한에 있어 유일하게 버팀목이 되고 있는 중국은 즉각적인 정부 입장 표명을 내놓지 않았지만 북한의 핵실험에 대해서는 강경한 반대 입장을 견지하고 있어 유엔 안보리 결의 과정에서 공식 입장이 표명된 것으로 보인다. 다만 러시아와 중국은 북한에 대한 제재 조치에 대해서는 '로켓' 발사 직후와 같이 신중한 입장을 보였다. 북한을 국제사회에 끌어들이기 위해서는 강력한 제재보다는 6자회담과 같은 외교적 수단이 보다 효과적이라고 보았기 때문이다.

북한의 핵실험 소식을 가장 민감하게 받아들인 국가는 일본이다. 핵실험 당일 일부 일본의 신문사는 호외를 발행하면서까지 핵실험 뉴스를 보도했다. 일본 정부는 당일 낮 12시 직전에 수상관저 내각위기관리센터에 대책실을 마련하고 한국과 미국으로부터 긴급하게 관련 정보를 수집하는 움직임을 보였으며 오후에는 안전보장회의를 소집하기도 했다. 또한 베이징의 일본대사관을 통해 북한에 대해 엄중히 항의하기도 했다. 이어 일본 정부는 저녁에 북한에 대한 비난 성명을 발표하고 "이번 기회에 다시금 납치, 핵, 미사일 등 현안 문제의 포괄적 해결을 위해 구체적인 행동을 취할 것"을 북한 측에 강력하게 촉구한다고 밝혔다. 아소 다로 수상은 이명박 대통령에게 전화를 걸어 북한에 대한 압력 강화를 위해 한일 양국과 한미일 3국이 긴밀하게 공조해 갈 것을 강조했다. 일본은 유엔 안보리 소집을 요청하는 한편, 북한에 대한 강도 높은 제재와 압력을 담은 새로운 안보리 결의를 채택하도록 요구할 방침을 내보였다. 다만 기존의 경제제재 조치로 인하여 북한과의 경제적 거래가 거의 없는 상황에서 일본이 독자적으로 선택할 수 있는 대북 추가 제재 조치는 그다지 없었다. 국제사회에 대한 여론 환기를 통해 북한을 압박하는 우회적이고 간접적인 방법이 그나마 일본이 선택할 수 있는 효과적인 대북 제재 조치였다.

한국에서는 북한의 핵실험 소식이 노무현 전 대통령의 갑작스런 죽음을 계기로 고조되어 가던 사회적 반정부 분위기를 잠재우는 역할을 했다. 핵실험은 국가 안위의 근본을 흔드는 문제로서 진보 진영이나 보수 진영, 나아가 여야를 불문하고 결코 간과하거나 묵과할 수 없는 것이기 때문이다. 과거 군사정권 시절에는 반정부 움직임이 강할 때마다 인위적으로 정부가 안보문제를 조작하여 민심을 유도했는데, 이번에는 결과적으로 북한이 나서서 한국 정부를 도와 민심을 수습하게 하게 하는 역할을 담당한 셈이다. 정부는 이날 오후에 국가안전보장(NSC) 회의를 열고나서 청와대 대변인을 통해 "이번 북한의 핵실험은 한반도뿐 아니라 동북아를 포함한 세계 평화와 안정에 대한 심각한 위협이며 국제 비확산체제에 대한 중대한 도전"이라는 성명을 발표했다. 한편 합동참모본부는 북한의 핵실험에 대한 대응책으로 군사대비태세 강화 지시를 전 부대에 하달했다. 그 다음날 오전 김태영 합참

의장은 군단장급 이상이 참가하는 전군 주요 지휘관 회의를 열어 군사대비 계획을 구체적으로 논의하는 강경한 모습을 보였다.

다만 2009년 말이 되면서 한반도 정세 변화와 북핵 문제의 진전과 함께 북한의 2차 핵실험 이후 급격히 경색되었던 남북관계가 서서히 풀릴 조짐을 보였다. 그동안 긴장 일변도의 대남정책을 펴 왔던 북한이 미국과의 관계 개선에 적극적인 태도를 보이는가 하면 남측에 대해서도 유화적 태도를 취했기 때문이다. 다양한 채널을 통해 남측에 대해 정상회담을 제의했으며 2010년 1월에 들어서는 북한이 금강산 관광과 개성 관광을 재개하자고 요청하고 나오기까지 했다. 금강산과 개성에 관광 사업이 중단된 것은 2008년과 2009년 남북 관계가 얼어붙었던 것을 상징하는 사건이었다. 금강산 관광은 2008년 7월 한국의 관광객이 북측 초병에게 피격당한 것을 계기로 중단되었으며, 개성 관광은 같은 해 12월 북한이 육로 통행을 제한하면서 중단된 바 있다.

또한 북한은 2010년 1월 신년 공동사설에서 대외정책과 관련하여 한반도를 포함한 동북아 지역의 평화와 안정 보장의 근본 문제로서 북미 적대관계의 종식, 한반도 평화체제 정착과 비핵화를 제시하고, 이를 위한 방법론으로 대화와 협상을 강조했다. 이것은 기존에 주장해 온 북한의 기본입장이기는 하지만, 미국이나 남측에 대한 직접적인 비난을 자제하고 비핵화 의지를 밝힌 점에서 6자회담 복귀를 비롯한 북한의 태도 변화를 감지하게 하는 것이었다. 이에 따라 핵실험을 이유로 남북 교류에 쐐기를 박았던 한국 정부도 2010년 새해에 들어 인도적 지원을 재개하고 막혔던 물꼬를 트겠다는 입장을 밝혔다.

그러나 이러한 움직임이 곧바로 남북관계의 호전으로 이어질 것으로 속단하기는 어렵다. 북핵 문제에서 진전이 이루어지지 않을 경우 남북관계

| 제2차 핵실험 성공 소식을 알리는 북한중앙통신(왼쪽)과
북한 핵실험 뉴스를 호외로 신속하게 보도한 일본 신문(오른쪽)

는 쉽사리 경색 국면에서 빠져나오기 어렵기 때문이다. 한국 정부는 남북대화에서도 북핵 문제를 논의해야 한다는 확고한 입장을 고수하고 있는 데 반하여 북한은 북핵 문제와 남북관계는 분리해서 다뤄야 한다는 입장을 고수해 오고 있다. 여기에 한국 정부는 궁극적으로 남북관계 진전이 선행되지 않고서는 북한에 대한 발언력을 확보하기 어렵다고 하는 딜레마를 안고 있다. 북한이 "핵문제는 북남관계의 장애물이 아니다"는 입장을 여간해서 누그러뜨리지 않을 것으로 예상되는 가운데, 남측이 앞으로 대북 행보에서 얼마나 유연성을 발휘하느냐에 따라 남북관계의 진전 정도가 결정될 것으로 보인다. 이와 함께 한반도의 남북관계 개선 움직임은 핵개발 문제와 '납치' 문제로 북한에 대해 강경한 자세를 견지하고 있는 일본에게도 어떠한 형태로든 대북 태도의 완화를 유도하는 요인이 될 것으로 보인다.

한일관계 관련 기본자료

Ⅰ. 역대 주일 대한민국 대사(부임기간)

1. 김동조 (1965.12~1967.10)
2. 엄민영 (1967.10~1969.12)
3. 이후락 (1970.1~1971.1)
4. 이　호 (1971.1~1974.1)
5. 김영선 (1974.1~1979.2)
6. 김정렴 (1979.2~1980.9)
7. 최경록 (1980.9~1985.10)
8. 이규호 (1985.11~1988.4)
9. 이원경 (1988.4~1991.3)
10. 오재희 (1991.3~1993.4)
11. 공노명 (1993.4~1994.12)
12. 김태지 (1995.2~1998.4)
13. 김석규 (1998.5~2000.3)
14. 최상용 (2000.3~2002.2)
15. 조세형 (2002.2~2004.3)
16. 나종일 (2004.3~2007.2)
17. 유명환 (2007.3~2008.3)
18. 권철현 (2008.4~)

Ⅱ. 주일 대한민국 공관 현황

주일본국 대한민국 대사관(http://jpn-tokyo.mofat.go.kr)

① 주오사카 대한민국 총영사관
② 주후쿠오카 대한민국 총영사관
③ 주요코하마 대한민국 총영사관
④ 주나고야 대한민국 총영사관
⑤ 주삿포로 대한민국 총영사관
⑥ 주센다이 대한민국 총영사관
⑦ 주니가타 대한민국 총영사관
⑧ 주히로시마 대한민국 총영사관
⑨ 주고베 대한민국 출장소
⑩ 주가고시마 대한민국 명예출장소
⑪ 주시모노세키 대한민국 명예출장소

Ⅲ. 역대 주한 일본국 대사 (부임기간)

1. 前田利一 (1965.12 ~ 1965.12)
2. 吉田健三 (1965.12 ~ 1966.3)
3. 木村四郎七 (1966.3 ~ 1968.5)
4. 上川洋 (1968.5 ~ 1968.7)
5. 金山政英 (1968.7 ~ 1972.1)
6. 前田正裕 (1972.1 ~ 1972.2)
7. 後宮虎郎 (1972.2 ~ 1975.2)
8. 前田利一 (1975.2 ~ 1975.3)
9. 西山昭 (1975.3 ~ 1977.7)
10. 前田利一 (1977.7 ~ 1977.7)
11. 須之部量三 (1977.7 ~ 1981.4)
12. 村岡邦男 (1981.5 ~ 1981.5)
13. 前田利一 (1981.5 ~ 1984.12)
14. 谷野作太郎 (1984.12 ~ 1984.12)
15. 御巫清尚 (1984.12 ~ 1987.3)
16. 太田博 (1987.3 ~ 1987.4)
17. 梁井新一 (1987.4 ~ 1990.3)
18. 川島純 (1990.3 ~ 1990.4)
19. 柳健一 (1990.4 ~ 1992.6)
20. 川島純 (1992.6 ~ 1992.8)
21. 後藤利雄 (1992.9 ~ 1994.8)
22. 茂田宏 (1994.8 ~ 1994.8)
23. 山下新太郎 (1994.8 ~ 1997.10)
24. 小田野展丈 (1997.10 ~ 1997.10)
25. 小倉和夫 (1997.10 ~ 2000.2)
26. 寺田輝介 (2000.2 ~ 2003.1)
27. 高野紀元 (2003.1 ~ 2005.8)
28. 大島正太郎 (2005.8 ~ 2007.8)
29. 重家俊範 (2007.9 ~)

Ⅳ. 주한 일본국 공관 현황

주대한민국 일본국 대사관(http://www.kr.emb-japan.go.jp)
① 재부산 일본국 총영사관　　　② 재제주 일본국 총영사관

Ⅴ. 한일 간 무역현황

(단위: 억불, ( )는 전년대비 증감률)

	2001년	2002년	2003년	2004년	2005년	2006년	2007년	2008년
대일수출	165.1 (△19.3)	151.4 (△8.3)	172.8 (14.1)	217.0 (25.6)	240.3 (10.7)	265.3 (10.4)	263.7 (△0.6)	282.5 (7.1)
대일수입	266.3 (△16.3)	298.6 (12.1)	363.1 (21.6)	461.4 (27.1)	484.0 (4.9)	519.2 (7.3)	562.5 (8.3)	609.6 (8.4)
대일수지	△101.3	△147.1	△190.4	△244.4	△243.8	△253.9	△298.8	△327.1
총교역액	431.4	450.0	535.9	678.5	724.3	784.5	826.2	892.1

(출처: 한국무역협회)

Ⅵ. 한일 간 투자 신고현황

(단위: 백만불, ( )는 신고건수/신고금액비중)

	2001년	2002년	2003년	2004년	2005년	2006년	2007년	2008년
일본의 대한 투자	776.3 (593/ 6.9)	1,404.3 (476/ 15.4)	542.6 (502/ 8.4)	2,262.6 (557/ 17.7)	1,880.8 (612/ 16.3)	2,111.0 (584/ 18.8)	990.3 (470/ 9.4)	1,422.7 (460/ 12.1)
한국의 대일 투자	94.1 (214/ 1.5)	97.2 (164/ 1.5)	52.1 (113/ 0.8)	320.3 (195/ 3.8)	215.7 (259/ 2.3)	290.7 (390/ 1.5)	796.6 (457/ 2.7)	608.2 (367/ 1.7)

(출처: 한국 수출입은행, 지식경제부)

Ⅶ. 한일 간 출입국 현황

(단위: 만명, ( )는 비중(%))

	2001년	2002년	2003년	2004년	2005년	2006년	2007년	2008년
방한 일본인	237.7 (46.2)	232.2 (43.4)	180.2 (37.9)	244.3 (42.0)	244.0 (40.5)	233.9 (38.0)	223.6 (34.7)	237.8 (34.5)
방일 한국인	113.4 (23.8)	127.2 (24.3)	145.9 (28.0)	158.8 (25.9)	174.7 (26.0)	211.7 (28.9)	260.1 (31.2)	238.2 (28.5)

출처: 한국문화관광연구원, 일본 정부관광국

한일관계 2008~2009년 주요일지

[2008년]

1.8	제5차 한·일 차관 전략대화 [서울]
1.10	제16차 재일한국인 한·일 아주국장회의 [서울]
1.10	森喜朗 일·한 의원연맹 회장 일본 정부 특사로 방한, 대통령 당선인 면담
1.15	이상득 국회부의장, 대통령 당선인 특사로 방일, 후쿠다 야스오 수상 면담
1.22	일본 祐天寺에서 유골 101위 봉환식
1.23-27	다보스 포럼 [다보스]
2.4	中山恭子 납치 문제 담당 보좌관 방한, 심윤조 외교통상부 차관보 면담
2.15	齋木昭隆 아시아대양주국장 방한, 천영우 한반도평화교섭본부장 면담
2.22	島根縣 竹島의날 행사에 대해 한국 외교통상부 유감을 표명
2.25	이명박 대통령 취임식에 후쿠다 야스오 수상 참석, 한·일 정상회담
3.10	太田昭宏 공명당 대표 방한, 이명박 대통령 예방
4.4	한·일 외교장관 회담 [도쿄]
4.8	일본 외무성 출입기자단 유명환 외교통상부장관 예방
4.10	일본 전국 지방자치단체장 일행 이명박 대통령 예방
4.11	일본 각료회의에서 대북제재조치 기한을 6개월 연장하기로 셜정
4.17	권철현 대사, 일본 부임
4.17-18	제2차 아시아협력대화 고위급 Study Group 회의 [서울]
4.21	이명박 대통령 방일, 후쿠다 야스오 수상과 회담
4.22	靖國神社 春季例大祭에 '다함께 야스쿠니신사를 참배하는 국회의원 모임' 소속 의원 62명, 집단 참배
4.23	개발 파트너십 확대 대화 한·일 공동 개최 [방콕]
4.25	中山恭子 납치 문제 담당 보좌관 방한
4.28	제3회 한·중·일30인회 개최 [베이징]

5.2	제9차 한·일 EEZ 경계획정회담 [도쿄]
5.8-9	한·미·일 3자 대화회의 [워싱턴]
5.16	일본 해상보안청의 한국 어선 EEZ 침범 주장으로 양국 경비정 해상 대치
5.17	제2차 한·중·일 물류장관회의 [오카야마]
5.19	외교통상부, 일본 중학교 학습지도요령 해설서에 독도 관련 기술 포함했다는 보도에 대해 엄중한 입장 표명
5.19-22	이용훈 대법원장, 島田仁郎 일본 최고재판소 장관 초청 방일
5.23	한·일 여성친선협회 30주년 기념 합동총회 [도쿄]
5.24-26	G8 환경장관 회의 [고베]
6.4	한·일 원조정책협의회 [서울]
6.5	제6차 한·일 차관 전략대화 [도쿄]
6.7	제2기 한·일 역사공동연구 3차 전체회의 [도쿄]
6.14	제2차 한·중·일 3국 외교장관 회의 [도쿄]
6.15-16	동아시아 세계경제포럼 [쿠알라룸푸르]
6.17-19	제11차 한·일 어업공동위 2차 과장급 실무회의 [도쿄]
6.19	한·미·일 6자회담 수석대표 3자협의 [도쿄]
6.20	제3차 한·일 정책기획협의회 [도쿄]
6.25	한·일 FTA 협상재개 검토 및 환경조성을 위한 실무협의 [도쿄]
7.2	정진 단장 등 재일민단 간부, 이명박 대통령 예방
7.8	G8 확대정상회의 계기 한·일 외교장관 회담 [도야코]
7.9	한·일 정상회담 [도야코]
7.14	일본 중학교 사회과 학습지도요령 해설서에 독도 영유권 기술이 포함된 것에 대해, 외교통상부 대변인 항의 성명
7.15	권철현 주일대사, 일본 외무사무차관 항의 방문 후 업무 협의차 일시 귀국
7.30	미국지질정보원 Geo-net에 독도를 '주권 미지정'으로 변경했다가 한국 측 요청에 의해 원상 복구
8.5	유네스코 아시아·태평양 무형유산센터 설립 관련 한·중·일 3국회의 [서울]
8.8	베이징 올림픽 개막식에 한·일 정상 참석
8.19	한·일 6자회담 수석대표 협의 [도쿄]
8.28-30	제16차 한·일포럼 [도쿄]
8.28-30	제4회 한·중·일 인사장관 회의 [서울/제주]
9.5	2008년도 일본 방위백서에 독도 관련 기술이 포함된 데 대해, 한국 정부 외교경로를 통해 강력 항의
9.5-7	6자회담 수석대표 협의 [북경]

9.24	아소 다로, 제92대 수상 취임
9.27-28	한·일 축제한마당 개최 [서울]
10.1-2	제7차 한·일 고위경제협의회 [서울]
10.8-10	동아시아 정상회의 제1차 환경장관 회의 [하노이]
10.6	정진 단장 등 재일민단 간부, 이명박 대통령 예방
10.7-14	한·일 동해 방사능 공동조사 실시
10.14	한·미·일 고위급 3자 협의 [워싱턴]
10.24	제7차 ASEM 정상회의 계기 한·일 정상회담 [베이징]
10.28-29	제24차 한·미·일 정책기획협의회 [도쿄]
10.28-11.6	한·일 대학생 교류 일본대표단 방한
10.28-11.4	제10차 람사르협약 당사국 총회 [창원]
10.30	사할린한인 2008년도 제1차 영주귀국 실현
11.11-20	한·일 대학생 교류 한국대표단 방일
11.13	제8차 한·일 안보정책협의회 개최 [후쿠오카]
11.20	APEC 계기 한·일 외교장관 회담 [리마]
11.22	APEC 계기 한·일 / 한·미 정상회담 [리마]
11.25-26	제5차 한·중·일 투자협상 [부산]
11.26	한·일 군축비확산협의회 [제주]
11.30	제44차 한·일 협력위원회 합동총회 개최 [서울]
12.5	제12차 한·일 영사국장 회의 [도쿄]
12.8-11	6자회담 수석대표회의 [베이징]
12.10	G8 글로벌 파트너십 관련 확대 실무그룹 회의 [도쿄]
12.11	제14차 한·일 문화외교국장 회의 [도쿄]
12.12	한·중·일 대아프리카 정책 대화 [도쿄]
12.13	제1차 한·중·일 정상회의 [후쿠오카]
12.18	제9차 한·일 원자력협의회 [서울]
12.23	한·일 북미국장 회의 [서울]
12.24-26	제2차 한·중·일 문화장관 회의 [제주]
12.29	제7차 한·일 차관 전략대화 [서울]
12.29	한·일 6자회담 수석대표협의 [서울]

[2009년]

1.12	아소 다로 수상 방한, 이명박 대통령과 회담
1.28-2.1	다보스포럼 [다보스]
1.29	한·일 6자회담 수석대표 협의 [서울]
1.31	제6차 한·일 정책대화 개최 [부산]
2.5	재외국민투표법 한국 국회 본회의 통과
2.6	해양쓰레기 관련 한·일 실무회의 [부산]
2.11	한·일 외교장관 회담 [서울]
2.17-21	제3차 동북아 평화안보체제 실무그룹 회의 [모스크바]
2.20	제11차 한-일 어업공동위원회 회의 개최 [도쿄]
2.22	島根縣 竹島의날 행사에 대해 한국 외교통상부 유감과 항의 표명
3.8	이명박 대통령, '신 아시아 외교 구상' 발표
3.9	제10차 한·일 EEZ 경계획정 회담 [서울]
3.11	田口八重子 가족, 김현희 면담 [부산]
3.12	제3차 한·중·일 중남미국장 회의 [도쿄]
3.24	제17차 재일한국인 법적지위 관련 한·일 아주국장 회의 [도쿄]
4.1	G20정상회의 계기 한·일 정상회담 [런던]
4.9-10	한·일 고위급 다자외교문제 협의회 [도쿄]
4.11	ASEAN+3 계기 한·중·일 정상회의 [파타야]
4.11	ASEAN+3 계기 한·일 정상회담 [파타야]
4.12-13	제4회 한·중·일30인회 개최 [부산]
4.14-15	제6차 한·중·일 투자협정 협상 [쿤밍]
4.21	제1차 한·일 국장급 경제통상협의회 [서울]
4.23	이상희 국방장관, 浜田靖一 일본 방위상과 회담 [도쿄]
5.18-20	石原慎太郎 일본 도쿄도지사, C40 세계도시 기후회의 참석차 방한
5.25	ASEM 외교장관회의 계기 한·일 외교장관 회담 [하노이]
5.29	노무현 전 대통령 국민장 영결식에 일본 조문단 참석
6.3	제25차 한·미·일 정책기획협의회 [서울]
6.9-10	한·일 항공회담 [도쿄]
6.9-10	제12차 한·일 어업공동위 제2차 과장급 실무회의 [도쿄]
6.28	이명박 대통령 방일, 아소 다로 수상과 회담
7.1-2	WTO DDA NAMA 전기·전자 Sectoral 한·일 양자협의 [도쿄]

7.6	한·일 6자회담 수석대표 협의 [서울]
7.13	제3차 한·일 양자 대테러협의회 [도쿄]
7.14-19	일본 외무성 출입기자단 방한
7.17	제8차 한·일 차관 전략대화 [하코네]
7.17	일본 정부, 독도를 자국 영토로 표기한 방위백서를 발간하기로 결정
7.21-22	APEC 통상장관회의 [싱가포르]
7.21-23	한·중·일 투자협정 협상 [도쿄]
7.22	ASEAN+3/EAS/ARF 계기 한·일 외교장관 회담 [푸켓]
7.24	제3차 한·중·일 유스페스티벌 [서울]
7.30	한·일 원자력협력협정 제1차 협상 [서울]
8.15-16	ASEAN+3 경제장관 회의 [방콕]
8.23	김대중 전 대통령 국장 영결식에 일본 조문단 참석
9.2-3	한·중·일 FTA 민간공동연구 심포지엄 / 워크숍 [도쿄]
9.3	제12차 한·일 환경협력공동위원회 [서울]
9.3-4	동해 표기 관련 국제세미나 [시드니]
9.14-23	한·일대학생 교류사업 [서울/도쿄]
9.15-17	제8차 한·중·일 투자협상 [서울]
9.16	鳩山由紀夫, 제93대 수상 취임
9.19-21	한·일 축제한마당 행사 [서울/도쿄]
9.23	UN총회 계기 한·일 정상회담 [뉴욕]
9.24-25	제3차 G20 정상회의 [피츠버그]
9.28	제3차 한·중·일 외교장관 회의 [상하이]
10.9	鳩山由紀夫 수상 방한, 이명박 대통령과 회담
10.10	제2차 한·중·일 정상회의 [베이징]
10.16	제8차 한·일 고위경제협의회 [도쿄]
10.16	제32회 한·일 여성친선협회 합동총회 [서울]
10.22-24	中井洽 납치 문제 담당대신 방한, 이달곤 행정안전부장관 면담
10.24-25	ASEAN+3 정상회의 [후아힌]
10.25	제6차 한·중·일 통상장관회담 [후아힌]
10.27-30	제3차 OECD 세계포럼 [부산]
11.8	민족문제연구소, 친일인명사전 발간
11.11-12	제21차 APEC 합동각료회의 [싱가포르]
11.14	부산 실내사격장 화재로 일본인 10명과 한국인 5명 사망

11.14-15	제17차 APEC 정상회의 [싱가포르]
11.18-19	한·일 어업지도단속 실무자회의 [도쿄]
11.19	Obama 대통령 아시아 순방길에 방한하여 이명박 대통령과 회담
11.28	제5차 한·일 역사공동연구 합동전체회의 [서울]
12.4	제9차 한·일 안보정책협의회 [제주]
12.11	小澤一郎 민주당 간사장 방한, 이명박 대통령과 회담
12.25	일본 문부과학성, 고등학교 교과서 학습지도요령 해설서 공개